■ INHALT

Seite der Redaktion. 278

Heinrich Balz: Weltchristentum, Mission und Theologie – Neuaufbrüche
und Relektüren 280

Martin Repp: Wie steht es um das Heil der Ahnen?
Eine alte Frage neu aufgerollt 300

Ulrich Schöntube: Die globale Geschichte der Bethlehemskirche –
Der Einfluss Johannes Jänickes auf Karl Gützlaff 322

Bernhard Dinkelaker: Kwame Bediako als interkontextueller Theologe –
ein europäischer Blick auf sein Erbe 342

Berichte und Dokumentationen:

»Moving in the Spirit: called to transforming discipleship«.
Die Weltmissionskonferenz in Arusha/Tansania vom 8. bis 13. März 2018
(Claudia Jahnel) 369

Advocacy und Mission – Eintreten für Gerechtigkeit, Frieden und
Bewahrung der Schöpfung im Kontext der Mitgliedskirchen der
Vereinten Evangelischen Mission auf dem Hintergrund von globalen
Entwicklungen und ökumenischen Trends von 1993 bis heute
(Jochen Motte) 380

Rezensionen 402

Liste eingesandter Bücher 412

Liebe Leserinnen und Leser,

wie angekündigt finden Sie nun in diesem Heft einen Bericht von Claudia Jahnel über die Weltmissionskonferenz in Arusha, deren Nacharbeit in vollem Gange ist. Anfang Oktober wurde auch der Wechsel im Direktorat der Missionsabteilung im ÖRK vollzogen: Der finnische Theologe Dr. Risto Jukko löste den Südkoreaner Dr. Jooseop Keum ab.

Im Aufsatzteil setzt sich zunächst Heinrich Balz mit der neuen Terminologie Interkulturelle Theologie auseinander, die international nicht die erhoffte Anerkennung fand, und bringt sie ins Gespräch mit dem im englischsprachigen Raum weiter verbreiteten Terminus World Christianity (A. Walls, K. Koschorke mit der »Munich School« u.a.). In diesem Zusammenhang kommen auch die Konzepte von Walls und K. Koschorke sowie U. Dehns Behauptung eines Auslaufens der Missionstheologie zu Wort, sowie weitere Blicke auf die neueren Konzepte von H. Wrogemann, V. Küster und K. Hock, und (etwas) ältere von H.-W. Gensichen, Th. Sundermeier und anderer, um schließlich zum Vorschlag einer Kombination von Neuaufbrüchen und fortgesetzter Relektüre der älteren zu kommen. Martin Repp widmet sich in seinem Beitrag der alten Frage der Ahnen und der Verhältnissetzung der Kirchen zum Phänomen der Ahnen und Ahnenverehrung in ihrer Mission in Afrika und Asien. Die Beherzigung des Heils der Ahnen in afrikanischen oder asiatischen Kirchen führte zu Abspaltungen, so auch im Falle der Neuapostolischen Kirche, die möglicherweise gerade durch die Aufnahme der Vikariatstaufe, d. h. der Taufe Verstorbener, Missionserfolge auf den beiden Kontinenten hatte. Der Beitrag blickt schließlich noch auf religionstheologische Aspekte bei Augustinus, M. Ricci und B. Ziegenbalg. Ulrich Schöntube fokussiert sich in seinem Aufsatz auf die Berliner Bethlehem-Kirche als Ort, an dem der spätere Ostasienmissionar Karl Gützlaff eine Ausbildung zum Missionar an der Missionsschule von Johannes Jänicke erhielt. Er verfolgt die These, dass der sinophile Gützlaff sein Konzept von Mission den spezifischen Einflüssen einer Berliner Migrantengemeinde und den sich daraus ergebenden Idealen der Brüdergemeine, der Erweckungsbewegung und der Internationalität verdankt. Bernhard Dinkelaker schließlich richtet das Augenmerk auf den 2008 verstorbenen ghanaischen Theologen Kwame Bediako, einen der wichtigsten Schüler von

Andrew Walls, der als »afrikanischer Weltchrist« und interkontextueller Theologe porträtiert wird. Sein Konzept von Inkarnation als Übersetzung, das Thema von Entwicklung und Fortschritt und das Paradigma der polyzentrischen Mission, das die Thematik der ›mission from the margins‹ (zuletzt ÖRK-Missionserklärung *Together Towards Life* von 2012) vorwegnahm, werden von Dinkelaker gewürdigt. Außerdem dokumentieren wir einen Text von Jochen Motte, in welchem er Einblick gibt in die Aktivitäten der Vereinten Evangelischen Mission in Wuppertal im Rahmen des Konziliaren Prozesses.

Ein Wort in eigener Sache: Seit dieser Ausgabe findet sich die Rubrik »Biblische Perspektiven« nicht mehr in der Zeitschrift. Wir haben damit endgültig den Schritt hin zum Format einer wissenschaftlichen Zeitschrift vollzogen und hoffen, dass diese Veränderung Verständnis bei Ihnen findet. Einen kleinen Höhepunkt ihrer Karriere durfte diese Rubrik kürzlich erleben, indem einer unserer Leser, Mickey Wiese, den Text »Jesaja ist Punk« von Andreas Köhler-Andereggen (Heft 1/2018, 4f.) auf erfrischende Weise in einem Youtube-Video vorlas. Vielen Dank dafür! Hier der Link: https://www.youtube.com/watch?v=ZhPf1RgW_yY

Nun wünsche ich Ihnen wie immer im Namen der Redaktion aus Bern, Basel, Neuendettelsau, Bochum und Hamburg Freude und gute neue Einsichten bei der Lektüre dieses Heftes und grüße Sie herzlich!

Ulrich Dehn

Weltchristentum, Mission und Theologie

Neuaufbrüche und Relektüren

Heinrich Balz

Warnecks Bild

Vor mir auf meinem Schreibtisch steht eine Fotografie vom alten Gustav Warneck. Ich habe sie mir aus dem Internet heruntergeladen. Er sitzt gebeugt und blickt aufmerksam auf das, was papieren vor ihm liegt, lesend, nicht schreibend. Die Stirn ist hoch, die weißen Haare reichen ihm bis ins Genick. So mag er ausgesehen haben, der Gelehrte und Organisator, als er zu Epiphanias 1903 den letzten Teil des dritten Teils seiner *Evangelischen Missionslehre* mit einem Widmungsbrief an seinen Sohn, den Praktiker der Mission bei den Batak, Johannes Warneck abschloss. Die Praktiker der Mission, weniger die anderen Fachgelehrten, waren im Lauf der Jahre die eigentlich gemeinten Leser der Missionslehre geworden. Von ihnen erhoffte er sich das »Zeugnis der Brauchbarkeit« seiner Lehre, in aller ihrer Begrenzung und Unvollkommenheit[1].

Vater Warneck hatte seinerseits die Berichte seines Sohnes über die Unreife und Selbstüberschätzung der einheimischen Kirchenführer im Batakland, die »unausrottbaren Schwächen des Rassecharakters« voll in seine Lehre von der selbstständigen Kirche als letztem und höchstem Missionsziel eingebaut und damit, was er noch zu Anfang der Missionslehre 1893 als erreichbares reales Nahziel formuliert hatte, in weite ideale Ferne gerückt. Er hätte dies, so sieht es im Rückblick nach mehreren Generationen aus, nicht tun sollen: Nur zwei Jahrzehnte nach dem Abschluss der Missionslehre brach mit dem deutschen Koloni-

---

[1] Gustav Warneck, Evangelische Missionslehre, Teil III/3: Das Missionsziel, Gotha 1903, Widmungsbrief, ohne Seitenzahl.

alreich auch die alte Ordnung der Mission zusammen: Die als unreif Beurteilten wuchsen schneller als vorgesehen in Verantwortung und Selbstständigkeit hinein; der ungestüme Gang der Geschichte bestätigte nicht den Missionspraktiker, sondern den weiter hinausblickenden, an biblische Verheißung sich haltenden Theologen der Mission. Johannes Warneck hat später als Direktor der Rheinischen Mission viele seiner ursprünglichen Ansichten modifiziert und so nachträglich und indirekt seinem Vater recht gegeben. Das kommt also auch vor, und man sollte dies in Zeiten, wo – zu Recht – auf die Unersetzbarkeit und Notwendigkeit der Erfahrung in außereuropäischer Kirche für die Missionswissenschaft gedrungen wird, nicht vergessen[2]. Fehlende Praxis ist schlecht. Aber fehlende Vision und Perspektive sind es auch.

Dies setzt voraus, dass Missionswissenschaft von ihrer Sache her notwendig immer mit beiden Seiten zu tun hat: Mit dem, was Missionare tun, und mit dem theologischen und allgemeinen Rahmen, in welchen es sich einfügt. Praxis, nicht nur die alte des kolonialen Patriarchalismus, auch die näherliegende des verstehenden Begegnens und der Wahrnehmungswissenschaft hat, wo sie erfolgreich ist, eine Tendenz, sich zu verselbstständigen und auf Lehre, auf sie einrahmende theologische Theorie zu verzichten. Aber das bekommt ihr auf Dauer nicht.

1. Neuaufbruch Weltchristentum

1.1 *World Christianity* und Interkulturelle Theologie

Die Hoffnung einiger, auch in der anglophonen Welt eine Diskussion über Interkulturelle Theologie in Gang zu bringen, stieß auf eher zurückhaltendes bis ablehnendes Urteil: Die japanischen und afrikanischen Stimmen fanden in der neuen deutschen Benennung des Fachs ihre Anliegen nicht wieder[3]. Sie knüpfen lieber an W. Hollenwegers alte Leitlinien an als an die präzisierten Vorgaben des deutschen Positionspapiers von 2005. Das deutsche Theoriebedürfnis, zumal in der radikal aporetischen Linie von H. J. Margull zu W. Ustorf, das westliche privilegierte Wissenschaft als Ganze in Frage stellt und Umkehr, *repentance*, von der Missionswissenschaft fordert, liegt Engländern und Amerikanern nicht

---

[2] Siehe hierzu Daniel Cyranka, Rezensionsartikel zu Heinrich Balz, Missionstheologie und Interkulturelle Theologie, Neuendettelsau 2014, in: ZMiss 42 (2016), 298–301.

[3] Ken C. Miyamoto, in: Mission Studies 25 (2008), 109f.; und Francis A. Öborji, a. a. O. 113f.

– »*not all the theologians will be happy with this call*«[4]. Allenfalls können sie sich verstehen zur Inklusionsfrage, ob interkulturell christliche Theologie sich in *Interreligious Studies* ein- und unterordnet, oder ob umgekehrt, wie D. Cheetham dies unter Berufung auf Hollenweger vertritt, interreligiöse Studien ihrerseits ein untergeordneter Teil von Interkultureller Theologie sind[5].

In Deutschland, so scheint es, wird mittlerweile das Verständnis von solch programmatischer Theologie diffuser und weiter gefasst. Einige programmatischen Spitzen werden bei Symposien abgebrochen, Interkulturelle Theologie wird zum neuen Namen einer alten Sache, die in unterschiedlichen Kreisen wie einerseits bei den Pfingstlern, andererseits aber auch bei guten kultursensiblen Missionaren früherer Generationen längst praktiziert wurde[6]. Andere neuerliche deutsche Inanspruchnahmen des Begriffs könnte man als Links- und Rechtsabweichungen vom Hauptweg Interkultureller Theologie charakterisieren; als Linksabweichung die Habilitationsschrift Claudia Jahnels 2016, die Afrikanische Theologie streng kultur- und sozialwissenschaftlich auf ihre Funktion und Entstehungsbedingungen befragt, dabei die afrikanische Frage nach Gott als nachgeordnet behandelt und beiläufig bemerkt, dass nicht nur geborene Afrikaner, sondern auch andere Beteiligte Afrikanische Theologie machen können[7]. Als Rechtsabweichung könnte man J. Schusters Gründungsvortrag des LIMRIS-Instituts in Liebenzell verstehen: Das Interkulturelle und Interdisziplinäre lagert sich problemlos an eine heilsgeschichtlich evangelistische *missiologia viatorum* an, statt einer Krise oder Ersetzung des alten missionarischen Paradigmas wird dieses vielmehr bestätigt[8].

Mehr Neugier erweckend erscheinen demgegenüber Ansätze oder auch nur Andeutungen, welche die deutsche Theoriediskussion neu auf das Gespräch mit außerdeutschen Neuansätzen öffnen. U. Dehn setzt schon 2013, obwohl er sich zu ihr bekennt, nicht die Interkulturelle Theologie, sondern das »weltweite Chris-

[4] Mark J. Cartledge/David Cheetham (Hg.), Intercultural Theology. Approaches and Themes, London 2011, 6.

[5] David Cheetham, Intercultural Theology and Interreligious Studies, in: Cartledge/Cheetham, Intercultural Theology. Approaches and Themes, 43–63.

[6] Vgl. etwa die Beiträge in Verena Grüter (Hg.), Wegkreuzungen. Interkulturelle Theologie und kontextuelle Herausforderungen, Neuendettelsau 2017.

[7] Claudia Jahnel, Interkulturelle Theologie und Kulturwissenschaft. Untersucht am Beispiel afrikanischer Theologie, Stuttgart 2016, 42 und 16.

[8] Jürgen Schuster, Interkulturelle Theologie als *missiologia viatorum*, Vortrag anlässlich der Gründung des LIMRIS-Forschungsinstituts an der Internationalen Hochschule Liebenzell am 4.5.2017, noch unveröffentlicht. Schusters eigenes Programm ist durchaus solide und sympathisch, es scheint mir aber die Herausforderung der Interkulturellen Theologie nicht ernst genug zu nehmen.

tentum« in den Titel seines Einführungsbuchs. Von diesem beobachtet er, dass es »international leichter vermittelbar« sei und direkter anschließt an die *World Christianity Studies*, die sich in den USA seit etlichen Jahren durchgesetzt haben[9]. In Großbritannien der wichtigste Name für weltweites Christentum ist Andrew Walls in Edinburgh und die von ihm begründete Schule. Von »World Christianity: Der Beitrag eines anglophonen Konzepts zur Missionswissenschaft« handelte auch im Januar 2016 der Berliner Habilitationsvortrag von Heike Walz, den sie in Buchform weiter auszuarbeiten im Begriff ist[10]. Beiden geht es also um Vermittlung von Anglophonem in die deutsche Diskussion. Daneben gibt es aber auch, von der Missionswissenschaft bislang kaum aufgenommen, eine deutsche Schule für Weltchristentum, die schon bei den englischsprachigen Zunftgenossen angekommen ist: »*The Munich School of World Christianity*« und ihren Gründer, den Kirchengeschichtler K. Koschorke[11]. Auch er ist mit seinen Leitgedanken und Prinzipien in die deutsche Missionswissenschaft und zu den interkulturellen Theologen erst noch einzuführen. Dieses beides, das anglophone Konzept und Koschorkes Münchener Schule, sind auf ihre Weise eigenständige Neuaufbrüche, die es mit dem der Interkulturellen Theologie durchaus aufnehmen können. Sie können sich zu beiderseitigem Gewinn aneinander konturieren.

Neuaufbrüche, orientiert entweder am Interkulturellen oder an der Welt, konturieren sich gegenseitig. Sie führen aber auch zu einem neuen Blick auf die Traditionen, von denen sie sich absetzen. Relektüren sind also angesagt. Zur Diskussion steht neuerlich, was in der Verbindung mit »interkulturell« Theologie eigentlich meint. Die Antwort wird unterschiedlich ausfallen, auch die Gewichtung, die der Theologie im neuen Gesamtprogramm zukommt. U. Dehn stellt in dieser Hinsicht sozusagen den weitest gehenden Antrag: »Missionstheologie« soll ganz aufhören, weil sie ihren geschichtlichen Auftrag erfüllt hat, weil sie abgeschlossen ist. Aus seinen Argumenten, die nicht alle teilen werden, lässt sich einiges lernen, auch von denen, die Missionstheologie nicht für den richtigen Namen dessen halten, was abgetan und überholt ist. Dies soll im Schlussteil des

---

[9] Ulrich Dehn, Weltweites Christentum und ökumenische Bewegung, Berlin 2013, 18f.

[10] Heike Walz, Habilitationsvortrag, gehalten am 20.1.2016 an der Theologischen Fakultät der Humboldt Universität zu Berlin, und mündliche Auskunft der Autorin.

[11] Eine ganze Nummer der Zeitschrift The Journal of World Christianity, Pennsylvania, Vol. 6, Nr. 1, 2016, mit zehn Beiträgen, ist der *Munich School of World Christianity* gewidmet. Auf ihr beruht die folgende Darstellung der Schule sowie auf dankenswerten mündlichen Auskünften von Dr. Ciprian Burlacioiu PD, München.

Aufsatzes an der Relektüre einiger alter Texte zum Stichwort Theologie wenigstens angedeutet werden.

1.2 Andrew Walls

Beide Neuansätze, der englische von Walls und der deutsche von Koschorke, haben es mit der Geschichte zu tun, aber auf unterschiedliche Weise: Koschorke streng historisch kritisch, Walls mit der *Christian History*, die spekulative Gedanken und Durchblicke mit einschließt. Man kommt beiden am besten auf die Spur durch die Biografien der Schulgründer, ihre Leitideen und dann einen Blick auf die Schulen, die sich daraus entwickelten. Zuerst also Walls und zwei seiner afrikanischen Schüler bzw. Fortsetzer, dann Koschorke mit seinen Leitideen und ihrem Unterschied zur Walls-Schule. Beides zusammen gibt dann den Hintergrund und Zusammenhang zur deutschen Entwicklung, die »weltweites Christentum« gezielt an die Schlüsselposition von »Interkultureller Theologie« rückt.

Andrew Walls, 1928 geboren, war ursprünglich Neutestamentler und Patristiker, wurde aber im Lauf seiner Jahre, von denen er sechs in Westafrika verbrachte, zum Gründer und Organisator einer neuen Schule der weltumfassenden Geschichte des Christentums, deren leitende Ideen er an viele Schüler, besonders auch Afrikaner wie L. Sanneh, K. Bediako und J. Hanciles, weitergab[12]. Während seiner Lehrjahre in Sierra Leone überkam ihn als Dreißigjährigen wie eine Erleuchtung die Einsicht, dass er in Afrika in einer »Kirche des zweiten Jahrhunderts« lebte: Alle die Fragen, welche die frühe Kirche hatte, alle Möglichkeiten und Gefahren kehren wieder in den jungen, wesentlich durch die Mission entstandenen Kirchen in Afrika, Asien und Ozeanien. Neue Kultursynthesen sind wie damals am Entstehen, ein »ephesinischer Augenblick« kehrt wieder[13]. Diesen Gedanken entwickelt Walls, teilweise im Anschluss an K. S. Latourette, weiter zu einer eigenen Gesetzmäßigkeit der christlichen Ausbreitung, die, anders als die islamische, oft nicht bleibt, wo sie einmal hingekommen ist: Die nestorianische Kirche in Asien, das nordafrikanische Christentum haben aufgehört, dafür aber

---

[12] Zur Einführung in Walls' Biografie und Werk siehe die Festschrift von William R. Burrows u. a. (Hg.), Understanding World Christianity. The Vision and Work of Andrew F. Walls, New York 2011.

[13] Andrew Walls, The Ephesian Moment. At a Crossroads in Christian History, in: Ders., The Cross-Cultural Process in Christian History. Studies in the Transmission and Appropriation of Faith, New York/Edinburgh 2002, 72–81.

hat das Christentum in anderen Weltregionen neu angefangen. So bedrückt auch die gegenwärtige Entchristlichung Europas Walls nicht über die Maßen: Neben dem »nachchristlichen Westen« ist auf der südlichen Hälfte der Erde ein »nach-westliches Christentum« am Entstehen, das in Zahlen als Schwerpunktverschiebung des Christentums von Norden nach Süden schon greifbar wird. Die Territorialisierung und Verbindung der Kirche mit der politischen Macht war in der über ein Jahrtausend alten Geschichte des Christentums in Europa ein Fehler, wo nicht gar ein Sündenfall[14]. Das Hauptthema des Historikers Walls ist nicht der Niedergang, sondern sind die neuen Kultursynthesen des Christentums im Süden in vielfältiger Gestalt. »Mission« ist in alledem »Übersetzung« des Evangeliums in andere Sprachen und Kulturen, Übersetzung ist immer neue »Inkarnation«, und Inkarnation ist Kern und Wesen des Christentums.

Als erster afrikanischer Fortsetzer, nicht eigentlich Schüler von Walls, ist *Lamin Sanneh* zu nennen, der, in Gambia als Muslim aufgewachsen und sozialisiert, sich als junger Mann taufen ließ und dann in die USA emigrierte, wo er mit Büchern und als Universitätslehrer in die Debatte um christliche Mission eingriff[15]. Der Unterschied zwischen islamischer und christlicher Ausbreitung ist ihm Lebensthema: Die Übersetzbarkeit, *translatability*, die für den Koran ausgeschlossen wird, gehört zur Bibel und zum Evangelium wesenhaft hinzu, sie ist selbst Teil der Botschaft und hat weltweit, in Afrika im Besonderen, emanzipierend, bedrohte Sprachen und Kulturen stärkend gewirkt. Vorurteile westlicher Missionare über das Heidentum lösten sich in der praktischen Begegnung und Übersetzungsarbeit auf. Mit dieser erfreulichen, wissenschaftlich belegten Kunde fand Sanneh 1989 in Amerika Interesse und Beifall[16]. Mit weiteren Publikationen entwickelte er seine These weiter, so 2003 mit *Whose Religion is Christianity?* – nämlich nicht die der Europäer und weißen Amerikaner, sondern aller Völker, die jetzt in unserer Zeit außerhalb des Westens das Christentum neu annehmen[17]. Nun erst wird das Christentum im geografischen und demografischen Sinn zur Weltreligion. Doch Sanneh lebt und lehrt im Westen und schreibt für ein christliches, teils schon gründlich säkularisiertes Publikum, das diese weltweiten Veränderungen aus Pessimismus und eigenem geschichtlichen

---

[14] Andrew Walls, From Christendom to World Christianity, 2002, 49–71.
[15] Zur Biografie von Sanneh siehe Ders., Christliche Mission und westliche Schuldkomplexe, in: ZMiss 17 (1991), 146–152. Sein Geburtsdatum ist nirgends angegeben.
[16] Lamin Sanneh, Translating the Message. The Missionary Impact on Cultures, New York 1989.
[17] Ders., Whose Religion is Christianity? The Gospel beyond the West, Grand Rapids/Cambridge 2003.

Schuldgefühl heraus nicht angemessen zur Kenntnis nimmt. Die Argumente dieses Pessimismus greift Sanneh auf, aber er übernimmt sie nicht: Dass die europäischen Kolonialreiche eine Katastrophe mit Langzeitwirkung waren, ist richtig, aber die koloniale Katastrophe sei nicht größer als für Europa die beiden Weltkriege waren, die auch irgendwie überwunden wurden und nicht das Ganze der Geschichte Europas waren oder sind.

Sanneh, der emigrierte Afrikaner, argumentiert gegen die westliche Melancholie und Untergangsstimmung, in einigem einleuchtend, in anderem nicht. Er macht wohl zu viel aus der Übersetzung und Übersetzbarkeit des Evangeliums: Es kann, wie in Asien weithin, auch verworfen werden von denen, die es anredet. Kommunikation ist nicht Konversion. In einigem erscheint Sanneh wie ein Wanderer, der einen Korb voll roher Eier durch die Welt trägt, aber kein Omelett aus ihnen zu bereiten versteht. Von Walls übernimmt er die These vom schicksalhaft unaufhaltsamen Untergang des Christentums im säkularisierten Europa; dieses aber nicht als göttliches Gericht, sondern nur als Bestätigung des Gesetzes der christlichen Ausbreitung überhaupt: Es fängt an neuem Ort neu an und hört an altem Ort, wo es lange war, auf.

Noch stärker schließt an diesen unaufhaltsamen Wandel an *Jehu J. Hanciles*, ein direkter Schüler von Walls, der aus Sierra Leone stammt und ebenfalls in den USA lehrt[18]. Ihm geht es allgemein um den tieferen Zusammenhang von Christentum, Migration und Globalisierung in ihren verschiedenen Auswirkungen. Biblische Religion ist seit Abraham die der Wandernden, nicht die der falschen, sündhaften Sesshaftigkeit der Erbauer des babylonischen Turms. Die heutigen Vereinigten Staaten sind durch europäische Auswanderung entstanden, und sie sind noch nicht so weit säkularisiert wie das alte Europa. Dem alt gewordenen macht- und glaubenslosen Priester Eli steht nun in vielfältiger Gestalt ein junger Samuel gegenüber; die in der jüngsten Welle seit den 1960er Jahren nach Amerika Einwandernden sind nicht mehr die Armen und Ungebildeten, sondern die Eliten. Sie bringen ihre Kirchen mit sich und bemühen sich evangelistisch auch um die müde gewordenen normalen Amerikaner. Ihr missionarischer Aufbruch kommt nicht wie der des Westens im 19. und 20. Jahrhundert aus der Sesshaftigkeit, sondern aus der Erfahrung der Wandernden. Ihr Christentum und ihre Kirchen sind vorkonstantinisch in dem Sinne, dass sie mit keiner politischen Macht

---

[18] Jehu J. Hanciles, Beyond Christendom. Globalization, African Migration and the Transformation of the West, New York 2008.

im Bunde sind und in bunter Vielfalt gegen das verkehrte Ideal völkischer Homogenität stehen, durch welche das jahrtausendealte westliche *christendom* sich selbst ruinierte und nun seinem Untergang entgegengeht. *Beyond Christendom* ist der provozierende Titel von Hanciles' gelehrtem Buch 2008, das angedeutete Jenseits und Außerhalb will aber die Möglichkeit einer *Transformation of the West* wieder hin zum Besseren nicht völlig ausschließen.

Hanciles setzt sich detailliert mit der Säkularisierungsthese bei P. Berger, S. Huntington und F. Fukuyama auseinander; auch bei Ph. Jenkins findet er zu wenig wirkliches Verständnis für die Eigenart des Christentums, das nun vom Süden in den Norden wandert. Seine Kritik des Westens und seines schwach gewordenen Christentums ist nicht originell, Hanciles beruft sich ausdrücklich auf Walls, der ihn lehrte »die Welt durch afrikanische Augen zu sehen«[19]. Dies bringt manche überraschenden Einsichten und Durchblicke, freilich auch manche problematischen Vereinfachungen, gegen welche insbesondere die deutsche Schule für Weltchristentum sich besser gerüstet erweist.

1.3 Klaus Koschorke

Klaus Koschorke, 1948 geboren, hat wie Walls als Patristiker mit Untersuchungen über die gnostische Polemik gegen das kirchliche Christentum und den Kirchenbegriff des Basilius von Caesarea angefangen, aber nach Gastdozenturen u. a. in Sri Lanka seinen Blick geweitet auf gegenwärtiges und vergangenes außereuropäisches Christentum und hat den Lehrstuhl, auf den er 1993 nach München berufen wurde, ausgedehnt auf »Ältere und weltweite Kirchengeschichte«, eine Erweiterung, die damals unter den Kirchengeschichtlern in Deutschland noch einmalig war, aber sich dennoch auf mehrere Vorbereitungsstufen bei A. Schindler, L. Vischer, G. Kretschmar und auch A. Walls berufen konnte[20]. Durch regelmäßige Konferenzen, Doktoranden und Habilitanden wurde daraus, was später als die »Münchener Schule für Weltchristentum« bekannt wurde und, anders als andere deutsche Sonderentwicklungen, alsbald im englischsprachigen Bereich aufgenommen wurde. Koschorke selbst fasst in zahlreichen Veröffentli-

---

[19] So die Widmung von Beyond Christendom, IX: »To Andrew F. Walls, who taught me to see the world through African eyes«.
[20] Adrian Hermann/Ciprian Burlacioiu, Introduction: Klaus Koschorke and the ›Munich School‹ Perspective of World Christianity, in: Journal of World Christianity, 6,1 (2016), 4–26.

chungen seine Grundgedanken und die seiner Schule zusammen als erstens »veränderte Landkarten«, zweitens die wiederentdeckte »Polyzentrik« der globalen Geschichte des Christentums und drittens die transregionalen und transkontinentalen Zusammenhänge zwischen den Kirchen und christlichen Bewegungen[21]. Es ist offenkundig, dass alle drei Themen in das hineinreichen, was man bis heute »Missionsgeschichte« nennt: Koschorke bestätigt dies, es geht ihm aber ausdrücklich nicht um eine Weiterführung von Missionsgeschichte, sondern um die Übernahme und Einfügung dieser in die allgemeine Kirchengeschichte. Dabei ist seine Gesamtsicht – verglichen mit der von Walls – eher vorsichtig bis skeptisch: Gegenstand ist das christliche »Selbstverständnis« der Akteure dieser Geschichte, nicht das dessen, der sie in aufzeichnender Schau der Geschichte nachzeichnet.

Das wissenschaftliche Werk der Münchener Schule und im Besonderen ihres Begründers Koschorke beeindruckt durch seine konsequent durchgeführten Perspektiven, seine Fülle neuen Materials und durch seine Kohärenz und Geschlossenheit. Alles bekommt in der globalen Geschichte des Christentums seinen Platz angewiesen, auch die Missionsgeschichte, die nicht mehr wie vordem aus der allgemeinen im Wesentlichen europäischen Kirchengeschichte ausgeschieden oder abgetrennt ist. Im umfassenden Universum der Geschichte des Christentums überwiegt bis in die Gegenwart die Kontinuität. Vieles, was heute als neu erscheint, war in anderer Gestalt in früheren Jahrhunderten schon da. Für einen wirklichen Neuaufbruch der Forschung, wie die Interkulturelle Theologie ihn beansprucht, ist eigentlich kein Raum: So tief greift der Wandel aufseiten der materialen Forschung nicht, so viel Diskontinuität ist nicht belegbar, das Wesentliche des als neu Angesagten ist also nicht neu.

Doch der zögernd fragende und kritische Blick des Beobachters auf die Münchener Schule ist damit nicht gänzlich außer Kraft gesetzt. Bei den großen interkontinentalen Netzwerken christlicher Unternehmungen etwa bleibt die Frage, wie weit sie das Leben der regionalen Kirchen wirklich bestimmen. Es könnte sein, dass das meiste davon zwar die kirchlichen Eliten umtreibt, das gewöhnliche Kirchenvolk aber wenig oder gar nicht berührt. Hier hat der Widerstand, der

---

[21] Klaus Koschorke, Transcontinental Links, Enlarged Maps, and Polycentric Structures in the History of World Christianity, a. a. O. 28–56; und Ders., Rückblicke, Ausblicke. Die München-Freising Konferenzen und das Programm einer polyzentrischen Geschichte des Weltchristentums, in: Klaus Koschorke/ Adrian Hermann, Polyzentrische Strukturen des Weltchristentums, Wiesbaden 2017, 435–456. In der deutschsprachigen Patristik ist, anders als in der allgemeinen Geschichtswissenschaft, Koschorkes Ausweitung des Feldes auf Polyzentrik und Weltchristentum nach dessen Emeritierung 2013 weitgehend wirkungslos geblieben.

regionale und partikulare Instinkt Kräfte, die durch die neuen Netzwerke eher verdeckt als entmachtet werden. Konflikte wie die in Äthiopien und bei den Thomaskirchen in Indien bei der Begegnung mit westlich katholischer Mission öffnen hier ein Fenster.

Doch dies ist nicht der hauptsächliche Einwand. Der bildet sich vielmehr an den drei Leitideen, die Koschorke so eindrücklich durchzieht. Sind veränderte Landkarten, polyzentrische Strukturen und die multilaterale Interaktionsgeschichte der Weltchristenheit profangeschichtlich nachweisbare Gesetzmäßigkeiten oder sind sie ihrerseits theologische, das heißt christliche Einsichten? Koschorke stimmt den Historikern zu, die sagen, dass die Geschichte des Weltchristentums irgendwo eine Grenze haben muss: Einzelne Züge christlicher Herkunft, die aber in anderem religiösen Kontext ihre Bedeutung gänzlich gewandelt haben, gehören nicht mehr dazu. Wie aber bestimmt man die Grenze? Koschorke verweist auf das christliche Selbstverständnis der jeweiligen Akteure. Wo immer dies vorhanden ist, geht es um Christentumsgeschichte. Das leuchtet ein. Es bleibt aber die Frage nach dem Selbstverständnis der Forscherperspektive: Ist es theologisch oder skeptisch neutral? Sicher ist es auf weite Strecken eben dies Letztere, und dies nicht nur in der Münchener Schule. Aber dass es dies nicht durchgängig und bis zuletzt sein muss, zeigt sich bei der in Vielem parallelen Bemühung von Walls um *World Christianity*: Zuletzt ist sie nicht neutral, sondern eigene Stellung beziehend und »Christian History« deutend, die mehr ist als Profanhistorie und außer dem christlichen Selbstverständnis der Akteure auch das des Geschichtsforschers mit einbezieht. Dies heißt nicht, dass spekulative visionäre Gedanken wie der wiederkehrende ephesinische Augenblick oder der Seriencharakter christlicher Ausbreitung notwendig zur Arbeit des Historikers der Weltchristenheit gehören – wohl aber, dass in seiner Forschung nicht nur das Selbstverständnis der Akteure, sondern auch das des Betrachters zu Worte kommen sollte.

Aus einem Schritt Abstand lassen sich zu Walls und Koschorke einige Eckpunkte festhalten. Zum Ersten: Der lange Kampf um die Anerkennung einer Disziplin, die von »Weltchristenheit«, von Christentum als (einziger) Welt-Religion handelt, ist anderwärts und außerhalb der deutschen evangelisch-theologischen Fakultäten schon weiter bzw.: Schon positiv entschieden. Ebenso ist die wissenschaftliche Organisation in Schulbildungen, Tagungen, Archiven und Begegnungen schon weiter, und sie umfasst auch nichtwestliche Forscher und Institutionen.

Zum Zweiten: Die *alte Disziplin* ist schon aufgebrochen und revolutioniert durch die Erleuchtungserfahrungen von Walls in Sierra Leone und Koschorke in Sri Lanka. Davon leben sie in gewisser Weise ein ganzes wissenschaftliches Leben lang. Die aufgebrochene erweiterte alte Disziplin ist bei beiden die *Kirchengeschichte*. *Ökumene- und Missionswissenschaft* ordnen sich der so verstandenen Kirchengeschichte ein und unter. Die interdisziplinäre »Anschlussfähigkeit« ist – anders als in der Interkulturellen Theologie – nicht das primäre, nicht das Hauptproblem. Weltchristenheit, Polyzentrik und neue Geografie sind tief mit Kultur verflochten, sie bleiben aber Gegenstände von theologischer und religionswissenschaftlicher Forschung; Kultur wird bei Koschorke und Walls nicht zum letzten vereinenden Horizont.

Zum Dritten: Wie weit »Weltchristentum« – als unterschieden von westgesteuertem »globalen« Christentum – ein Thema ist, das auch neue systematisch-theologische Arbeit erfordert, ist umstritten, in gewisser Weise auch unbedacht. Bei Koschorke tendiert die erweiterte Geschichte dazu, selbst letzter Horizont zu werden. Bei Walls wird die Aufgabe einer der neuen Situation adäquaten Theologie der neuen außerwestlichen Christenheit zugemutet: Von ihr soll kommen, was dann auch im erneuerten Westen und seinen Lehrzentren gilt. Walls verbindet die Deutung der universal christlichen Gegenwart meditativ im Neuen Testament mit dem Epheserbrief: Mit dem auf der Erde zu voller Statur erwachsenden Christus, Eph. 4,13–16; also mit einer deuteropaulinischen Schrift und einer Generation, die auch durch den Frühkatholizismus und die Paulus-Deutung der Pastoralen bestimmt ist – nicht durch Paulus.

Viertens schließlich: Zum Weltchristentum gehört, in unterschiedlichem Ausmaß, ein Bewusstsein von Zeitenwende, von einem Neuen, welches das Alte erledigt und beendet. Bei *Koschorke* und seiner Schule ist das Alte wesentlich der verengte Blick auf die nur westliche bzw. westlich zentrierte Sicht von der Geschichte der Kirche. Bei *Walls* endet mit dem neuen Blick auch die Zeit, in der die christliche Mission vom Westen ausging. Mission bleibt, nun aber in der Trägerschaft der nichtwestlichen Kirchen. *World Christianity* ist bei Walls, wie gezeigt, des Weiteren auch der Tod von westlichem *christendom*, dessen langsames Zerbröckeln und Absterben nicht verhindert werden kann.

Beim Blick zurück auf beide Schulen fällt auf und prägt sich ein, wie verschieden beide das Weltchristentum im größeren Rahmen verorten. Bei Koschorke ist die Horizonterweiterung im Raum, auf den Landkarten. Bei Walls ist sie, damit verglichen, stark visionär und spekulativ. Beide deuten die Gegenwart der Menschheit, aber Koschorke – bis jetzt noch – rein historisch. Walls dagegen deutet sie im Rahmen einer *Christian History*, die nur theologisch und im Glauben zu erfassen ist, und mit großer Erwartung an die außerwestlichen Christentümer: Sie sollen neue schöpferische Synthesen erbringen, wie sie in der frühen Christenheit der ephesinische Augenblick nach der jüdischen Beschränktheit und vor der hellenistischen, dann konstantinischen Überformung erbrachte. Der Höhenflug von Walls könnte mit der Nüchternheit Koschorkes mehr Erdenschwere bekommen und bei diesem umgekehrt das Selbstverständnis des Historikers durch mehr Theologie geöffnet werden. Aber beide Sichtweisen kommen im deutschen Zusammenhang als »weltweites Christentum« bei Ulrich Dehn anders zusammen. Der Blick auf die Christentümer außerhalb des Westens wird streng analytisch und deskriptiv. In postevangelistischer Zeit verbietet Dehn sich jede Interferenz in das Leben der fremden Christentümer und erklärt zugleich – aber in anderer Richtung als Koschorke – Missionstheologie als vergangen, einer auslaufenden Zeit angehörig. »Weltweites Christentum« bekommt den Vorrang vor »Interkultureller Theologie«, die außerhalb des deutschen Sprachraums schwerer vermittelbar ist. Aber der neue eigene Ansatz Dehns kommt selbst eher konstruktiv und unvermittelt: Ihn gilt es, genauer nachzuzeichnen und auch zu erkunden, wie die Absage an Missionstheologie dabei zu verstehen ist.

2. Weltchristentum, Interkulturelle Theologie und Theologiebegriff

2.1 Weltweites Christentum und analytische Wahrnehmungswissenschaft: U. Dehn

»Weltweites Christentum« ist Dehns bewusster Anschluss an die neuen *World Christianity Studies* in den USA. Zum Verständnis der Dimensionen von »Welt«, besonders der ethischen, verweist er auf Überlegungen der koreanischen Theologin N. Kang und sieht weltweites Christentum »international leichter vermittelbar« als deutsche Interkulturelle Theologie[22], womit er zweifellos recht hat. Die weiteren angrenzenden Bestimmungen für sein eigenes Fach gibt sein Kapitel »Missionstheologie: Historischer Rückblick und letzte Ausläufer«[23]. Es er-

---

[22] Dehn, Weltweites Christentum, 18f.
[23] A. a. O. 31–58.

schließt sich dem Leser als These und Ergebnis eines ungewöhnlich zupacken-
den Rückblicks. Diskussionswürdige und -bedürftige Missionstheologie beginnt
mit Edinburgh 1910, Gustav Warneck und Josef Schmidlin: Sie ist in ihrem frühen Stadium überwiegend durch ihren geschichtlichen »Rahmen« bestimmt, der
sich von unserem heutigen grundlegend unterscheidet. *Missio Dei* war ab 1952
ein neuer Gedanke, um Mission theologisch zu fassen; er brach aber bald auseinander in eine heilsgeschichtliche Rückholung – G. Vicedom – und eine sozial
universale Schalom-Wendung – J. C. Hoekendijk –, die sich im Verhältnis zu den
Religionen mit H. J. Margulls neuer Erfahrung der »Verwundbarkeit« der christlichen und missionarischen Existenz verband. Noch tiefer ging die Krise, in welche die westliche Mission bei W. Kohler (1920–1984) in der tiefen Begegnung
mit Ostasien geriet: Was die wahre »Sendung« des Menschen ist, das sei auch für
missionierende Christen heute am Aufbruch der japanischen buddhistischen Er-
weckungsbewegungen zu lernen, nicht an fortgehenden Versuchen christlichen
Missionierens der Nichtchristen[24]. Auch Dehns eigener Blick ist wie der Kohlers
von der Begegnung mit Japan und der Forschung zum japanischen Buddhismus
stark geprägt. Von Japan aus formt sich für ihn, was Dehn nicht eigens ausführt,
das Gesamtbild der Begegnung der Religionen in der Gegenwart[25].

Auf diese fundamentale bei Kohler sich ausdrückende Krise folgt die neue
Etappe im Denken christlicher Mission in der ökumenischen Bewegung einerseits, in der Wendung zu hermeneutischer verstehender Missionswissenschaft
bei T. Sundermeier andererseits. In Bangkok 1972/73 wird das »Moratorium« für
westliche Missionstätigkeit gefordert; die evangelikale Lausanner Bewegung
setzt sich daraufhin 1974 vom ÖRK ab. Die übrige Missionswissenschaft und
-theologie tritt für Jahrzehnte in ihre »postevangelistische« Phase ein, zu welcher
Sundermeier 1986 das Leitwort der »Konvivenz« einbringt und die sich um eine
bislang nicht übliche Interdisziplinarität mit Ethnologie, Philosophie und Regio-
nalwissenschaften bemüht. Konvivenz der bleibend Verschiedenen verwirklicht
sich im Fest: Verstehende Begegnung mit der Religion und Kultur der Fremden
wird zur eigentlichen Sache der Mission. Christliches Zeugnis und Einladung
zum christlichen Glauben bleiben möglich, gehören aber nicht mehr zum notwendigen Wesen der Mission. Etwas ausschließlich von der christlichen Seite zu
Kommunizierendes gibt es nicht, zumindest beim mittleren Sundermeier, wie

[24] Dehn, Weltweites Christentum, 44–52: »Missionstheologie in der Begegnung mit Ostasien«.
[25] Siehe hierzu besonders Dehns Habilitationsschrift: Die geschichtliche Perspektive des japanischen Buddhismus – Das Beispiel Uehara Senroku, Ammersbek 1995.

von kritischen Lesern herausgestellt wird. Beim späten Sundermeier verschieben sich die Gewichte wieder: Einladung und Zeugnis kehren zurück und Konvivenz verliert, so von Dehn beobachtet, ihre »prominente« Rolle[26].

Nach der durch Konvivenz und Begegnung bestimmten Phase folgt, so Dehn, wieder eine andere, gegenwärtige unübersichtliche Phase. Die Orientierung auf neue Volksmission kehrt in den schrumpfenden europäischen Kirchen wieder; D. J. Bosch befragt 1991 das gesamte kirchliche Handeln durch die Jahrtausende auf die Abfolge unterschiedlicher, legitimer jeweils biblisch begründeter missionarischer Paradigmen und dies ausdrücklich wieder als Missionstheologie: In zweiter Linie meint Dehn in der Kapitelüberschrift als »Letzte Ausläufer« H. Balz 2010[27]. Aber die Missionstheologie ist dennoch, trotz Bosch, geschichtlich an ihrem Ende. Die Umbenennung des Fachs mit Nachdruck auf die neue Interdisziplinarität in »Interkulturelle Theologie«, wie von mehreren jüngeren Vertretern ab 2005 programmatisch gefordert und entwickelt, ist an der Zeit und auch für Dehn unausweichlich. Dass die Kirchen des Südens diesen Weg nicht mitgehen, sondern – wie auch der neue volksmissionarische Ansatz in Deutschland – wieder evangelistisch argumentieren, nimmt Dehn freilich auch zur Kenntnis. Es hält ihn aber nicht von seiner eigenen postevangelistischen Deutung der gegenwärtigen Gesamtlage ab. Was neu gefordert ist, verwirklicht sich für ihn »nicht in einer handlungs- und beratungsorientierten Missionswissenschaft, sondern in einer wirklichkeitsanalytischen Wahrnehmungswissenschaft weltweiter christlicher Lebenswelten und interkultureller Kontexte«[28]. Der Ton liegt hier auf der »Nicht-Sondern«-Disjunktion: Dass ein anderer, weniger revolutionärer Ansatz beide Seiten weiterhin miteinander verbindet und je in ihrem Feld reformiert, erscheint bei Dehn nicht möglich: Hierüber ist mit ihm die Diskussion zu führen.

Die neue Kontrastierung unterscheidet sich von der älteren zwischen praxisarmer Missionstheologie und Praxis verteidigender und nachträglich rechtfertigender, von welcher weiter unten noch zu reden sein wird. Die »christlichen Lebenswelten« sind präsent bei Dehn, aber es wird nicht mehr kritisch fragend in sie eingegriffen, sie werden nur »analysiert«, d. h. interpretiert. Theologien, auch Missionstheologien, haben wohl die Akteure, nicht aber der Forscher, der sie wissenschaftlich neutral wahrnimmt.

---

[26] Dehn, Weltweites Christentum, 46–52.
[27] Heinrich Balz, Der Anfang des Glaubens. Theologie der Mission und der jungen Kirchen, Neuendettelsau 2010. Ausführlicher dazu Ulrich Dehn, Neue Wege der Missionstheologie?, in: VF 57 (2012), 94–106.
[28] Dehn, Weltweites Christentum, 55–57, hier: 57.

Das Auslaufen und historische Ende von Missionstheologie hat bei Dehn aber noch einen zweiten, inneren Grund: Es ist in der Missionstheologie seit Warneck und Schmidlin alles schon gesagt, was gesagt werden konnte. Nicht, wie Balz vermutet, eine vorübergehende Ermüdung ist schuld daran, das keine neue Missionstheologie geschrieben wird, vielmehr:

> »es drängt sich der Eindruck auf, dass in Anbetracht einer intensiven missionstheologischen Entwicklung seit Warneck, Schmidlin und dem Ende des 19. Jahrhunderts bis in die 1980er Jahre hinein kein wesentlicher missionstheologischer Gedanke ungedacht blieb und dies für die Nachfolgenden den Eindruck erzeugen musste, kaum noch mit eigenem Profil an der missionstheologischen Diskussion teilnehmen zu können und deshalb lieber mit den eigenen Ansprüchen bescheiden zu bleiben«[29].

Bescheidenheit und epochendeutender Anspruch verbinden sich hier in eigenwilliger Weise. Dehns Eindruck der Müdigkeit, gar Lähmung, ist wohl nachfühlbar. So war in vielen vergangenen Generationen und unterschiedlichen Gebieten der Kultur das Gefühl der Nachgeborenen, die keine bloßen Epigonen sein wollten. Offen bleibt aber, ob solche Mutlosigkeit das letzte Wort, der Abschied vom Gewesenen sein muss oder ob sie doch, ohne radikalen Wechsel des Betätigungsfeldes, vorübergehend ist. Eine andere Antwort auf die gleiche Erfahrung ist – Relektüre. Man liest die nur scheinbar unerschütterlichen Klassiker so gründlich, dass man bei ihnen selbst auf Widersprüchliches, Mehrdeutiges und noch nicht fertig Gedachtes stößt, das weiter zu bedenken zu »eigenem Profil« durchaus einladen kann[30].

Der Aufwertung der Interdisziplinarität entspricht der Ausgang von Dehns Einführung mit zwei Kapiteln über die gemeinten angrenzenden Disziplinen[31]. Kapitel 11 »Kulturtheorie und Wahrnehmung weltweiten Christentums« stellt die Kulturtheorien von R. Girard, C. Geertz und J. Assmann vor. Kapitel 12 »Postkoloniale Theorie und Theologie« bringt Ausführungen über G. Spivak, H. Bhabba, R. Sugirtarajah und Kwok Pui Lan. Alle werden auf den tiefen gegenwärtigen Schnitt der Epochen befragt. Aufseiten der Ökumene fällt der Dialog mit der

---

[29] Dehn, Weltweites Christentum, 32.
[30] Anders als in der Missionswissenschaft und Missionstheologie verfährt Dehn in der Religionswissenschaft vorsichtiger. Ohne Diskontinuitäten und Umbrüche zu verschweigen, schließt er seine eigenen neuen Einsichten als »Erwägungen« an das an, was von anderen in früheren Generationen schon gesagt wurde; siehe Ders., Annäherungen an Religion. Religionswissenschaftliche Erwägungen und interreligiöser Dialog, Berlin 2014.
[31] Dehn, Weltweites Christentum, 166–191.

katholischen Kirche relativ knapp aus. Eine Einlassung mit der östlichen Orthodoxie und ein Gespräch mit der weltweiten Pfingstbewegung fehlen überhaupt: Bei dem allgemeinen Anspruch Dehns, »weltweites Christentum« vorzustellen, fallen diese Lücken noch mehr auf als im weniger ausdrücklichen Anspruch »interkultureller« Theologie. Mitbestimmend für die Sicht auf Vergangenheit und Gegenwart des eigenen Faches ist schließlich auch die in Kap. 2 vorgestellte »Hermeneutik der Lebenswelten des weltweiten Christentums«[32]. Dehn warnt dort vor einem naiven Blick auf die Welt, der vergisst, dass Bilder der Außenwelt immer aus vereinzelten Objekt-Erfahrungen im erkennenden Subjekt zusammengesetzt, d. h.: konstruiert werden. Er lehnt sich seinerseits an neue Formen des philosophischen Konstruktivismus an. Die Warnung leuchtet ein, ist aber einseitig, insofern sie die Notwendigkeit genauen und nachhaltigen Hinsehens, des Lesens nicht nur zwischen, sondern auf den Zeilen, vernachlässigt.

Soweit zunächst das Referat von Dehns Einführungsbuch, dem Einzigen unter den deutschen, welches das Leitwort »Interkulturelle Theologie« dem anderen »Weltweites Christentum« nach- und unterordnet. In einem weiteren Fragegang soll nun erstens Dehns Sicht ins Verhältnis gesetzt werden zu den beiden Ansätzen von *World Christianity*/Weltchristentum bei K. Koschorke und A. Walls. Danach soll zweitens mit anderen vergleichenden Lektüren und Relektüren der Begriff von Missionstheologie und Theologie überhaupt reflektiert werden, der Dehn zur Ansage des Auslaufens von Missionstheologie in der Gegenwart veranlasst.

Dehn bemerkt, wie schon erwähnt, dass »Weltweites Christentum« international leichter vermittelbar ist als die deutsche Interkulturelle Theologie, und verweist dafür auf die amerikanischen »World Christianity Studies«. Er tut aber seinerseits nichts, um die Gedanken von Weltchristentum und *World Christianity* bei Walls und Koschorke in die deutsche missionswissenschaftliche Diskussion zu vermitteln. Sie fehlen bei ihm ebenso wie in den Einführungen von Küster, Hock und Wrogemann[33]. Also bleibt diese Verbindung andeutend nachzuholen. Koschorkes Verständnis von Weltchristentum unterscheidet sich von dem Walls' darin, dass es im strikten und engen Sinn »historisch« ist: Über seine Leitgedanken neuer Landkarten, Polyzentrik und transkontinentaler Interaktio-

---

[32] A. a. O. 20–30.

[33] Zur kritischen Lektüre der Einführungen von Klaus Hock und Volker Küster, beide 2011, sowie Henning Wrogemann, 2010–2015, siehe Heinrich Balz, Missionstheologie und Interkulturelle Theologie, Neuendettelsau 2014, 19–33.

nen hinaus stellt Koschorke keine theologischen Fragen. Alle Ergebnisse müssen auch dem religiös nicht gebundenen Historiker zugänglich bleiben. A. Walls dagegen stellt, wie schon gezeigt, im Unterschied dazu seine Forschung zu *World Christianity* von Anfang an in eine theologische Perspektive. Er bleibt, anders als Koschorke, seinen Anfängen in der Patristik und der Einsicht, in junger afrikanischer Christenheit »Kirche des zweiten Jahrhunderts« erlebt zu haben, treu und erkundet darum nicht nur Weltgeschichte, sondern *Christian History*, in welcher nicht nur die Akteure dieser Geschichte stehen, sondern auch er, der Forscher selbst. Die Arbeit des Historikers schließt für Walls konstruktive und spekulative Momente nicht aus. Was aufhört, ist für Walls' Deutung der Gegenwart nicht die Missionstheologie, sondern das europäisch-westliche *christendom*, die tief problematische überkommene Kultursynthese[34].

2.2 Zum Theologie-Begriff

Um die Auseinandersetzung sachgemäß zu Ende zu führen, bedürfte es, nach der Befragung des Weltchristentums, einer ebenso eindringlichen Verständigung über »Theologie«, so wie sie in Missionstheologie vorausgesetzt wird. Die wäre Gegenstand eines zweiten, hier nicht auszuführenden Aufsatzes. Es soll stattdessen in Andeutungen benannt werden, worum es hier noch geht. Statt es, hermeneutisch sozusagen, an Texten auszuweisen, formuliere ich zwei Thesen zum Theologiebegriff.

(1) Missions-Theologie stirbt nicht mit dem Neuaufbruch von Weltchristentum auf der einen und Interkultureller Theologie auf der anderen Seite. Bei H. Wrogemann etwa füllen »Missionstheologien der Gegenwart« den ganzen Mittelteil seines dreibändigen Einführungswerks, wobei Theologie im engeren Sinn die normative Arbeit meint, in welcher der interkulturelle Theologe »die Ansprüche der christlichen Tradition für sich gelten lässt und im Blick auf gegenwärtige Herausforderungen … auszulegen sucht«[35]. In umgekehrter Richtung formuliert Wrogemann die Erwartungen interkultureller Theologie an gegenwärtige Dog-

---

[34] Zur Gleichläufigkeit der Kritik am *christendom* mit des frühen Karl Barths Kritik am »verbürgerlichten Christentum« siehe Christine Lienemann, Europäisches Christentum auf dem Prüfstand. Was folgt daraus für die Missionswissenschaft?, in: ZMiss 42 (2016), 252–270.

[35] Henning Wrogemann, Theologie Interreligiöser Beziehungen. Lehrbuch Interkulturelle Theologie/Missionswissenschaft, Bd. 3, Gütersloh 2015, 417f.

matik: Diese stellt, sehe ich richtig, das Geklärte, Abgeschlossene bereit, weniger die der christlichen Theologie eigenen Fragen und unabgeschlossenen Probleme[36]. Doch ob das genügt, mag man mit Grund bezweifeln. In einer denkwürdigen Kontroverse widersprach K. Barth 1932 der von E. Brunner vertretenen Ansicht, es sei »mit der Dogmatik alles aufs Beste bestellt«, es bestehe nur noch die andere Aufgabe, das dogmatisch Richtige den Zeitgenossen und modernen Menschen zu vermitteln[37]. Barth setzt dem die Konflikte und Probleme entgegen, die der Glaube weiterhin mit sich selbst hat, und damit auch, was nicht die Apostel und Propheten, sondern »was wir selber sagen sollen«[38]. Dies führt zur zweiten These.

(2) Theologie hält auch in der Missionstheologie die Fragen offen, die in der Dogmatik/Systematischen Theologie bis heute unentschieden sind und ständiges Gegenüber der missionarischen Praxis sind, der die Missionstheologie nicht entraten, der sie sich aber auch nicht unterwerfen kann. Exemplarisch wäre dies an H.-W. Gensichens Aufnahme des Barthschen Vortrags 1932 über »Theologie und Mission« aufzuweisen der, bei aller Distanzierung von praxisloser Missio Dei-Theologie, dennoch auf dem theologischen Charakter, auf den »Theologischen Aspekten« insistiert, und dies in einer Grundsätzlichkeit, die sowohl bei der Interkulturellen Theologie wie beim Weltchristentum verloren zu gehen scheint[39]. Über Gensichen hinaus wäre des Weiteren in Erinnerung zu bringen, dass die Mission ihrerseits von ihrem Feld her Fragen in die allgemeine Dogmatik und

---

[36] Henning Wrogemann, Erwartungen interkultureller Theologie an gegenwärtige Dogmatik, in: EvTheol 77 (2017), 376–384. Die von mir 2014 gegen Wrogemann geäußerte Kritik, dass bei ihm die systematische Theologie über der biblisch-exegetischen ausfalle, (Balz, Missionstheologie und Interkulturelle Theologie, 34) nehme ich zurück. Sie fehlt nicht, aber es bleibt strittig, was systematische Theologie ist und was sie tut. Von der anderen Seite her, der Sicht der Interkulturellen Theologie in systematisch-theologischer Perspektive, behandelt Reinhold Bernhardt die Frage in: ZMiss 40 (2014), 149–172. Er wünscht, dass diese sich frei mache von einem Zerrbild Systematischer Theologie, die angeblich unfähig sei, ihren eigenen Universalitätsanspruch zu hinterfragen und unheilbar in hegemoniale Machtansprüche verstrickt sei. Er fragt zurück, ob nicht in vielen interkulturellen Untersuchungen besser von »religiösem Bewußtsein« statt von »Theologie« zu reden sei und inhaltlich, wie weit die geforderte Selbstrelativierung westlicher Theologie denn gehen solle: Dass ein universaler Geltungsanspruch nicht erfüllt sei, heißt nicht, diesen darum auch als Ideal und Ziel aufzugeben. Dass die mit der Aufklärung gekommene Rationalität kulturell begrenzt sei, heißt nicht, dass sie darum für den heutigen westlichen Theologen zur Disposition stehe und einem gegenaufklärerischen Blick auf die Welt, etwa in Gestalt von *spiritual warfare* gegen Dämonen, weichen könne.

[37] Karl Barth, Kirchliche Dogmatik I/1, Zürich (1932), 1948, 25 und 29.

[38] Barth, 15.

[39] Hans-Werner Gensichen, Glaube für die Welt. Theologische Aspekte der Mission, Gütersloh 1971, Kap. Theologie der Mission?,42–54. Gensichens theologisch wichtigstes Buch ist erst 1971 erschienen, also nicht, wie von Wrogemann in Missionstheologien der Gegenwart 2013, 23 und 448, irrtümlich angegeben, schon 1961.

Theologie einbringt, die dort aufzunehmen sind: So etwa die Frage nach dem Entstehen und Bestehen bzw. nach dem Anfang des Glaubens[40]. Fragen dieser Art lassen zweifeln, ob in der Theologie der Mission alles Wesentliche schon gesagt ist und damit auch, ob eigenes Profil für die Nachgeborenen in diesem Feld des Diskurses leider nicht mehr zu gewinnen sei.

Wieviel Erde braucht der Mensch?

Die Umschau zu *World Christianity* müsste noch weiter gehen, insbesondere zu den Lehrstühlen und Veröffentlichungen in den USA, die sich mit diesem Stichwort verbinden. Doch hier soll genügen, erkennbar gemacht zu haben, was an den Schulen von A. Walls und K. Koschorke die jüngere deutsche als Interkulturelle Theologie sich verstehende Missionswissenschaft nur zu ihrem Nachteil unbeachtet lassen würde. Es war zu zeigen, wie auch U. Dehns Behandlung des »weltweiten Christentums« unter Verzicht auf Handlungswissenschaft und mit Verabschiedung von Missionstheologie in Probleme und Aporien führt. Aber hier bedarf es noch einer klärenden Nachbemerkung. Die Kritik an Dehn wie auch die am zu engen Theologiebegriff bei Wrogemann ist nicht nur ablehnend negativ gemeint. Gewisse Irrtümer, abseitige Wege müssen zuerst gegangen und müssen versucht werden, weil sie nur so im Rückblick als solche erkannt werden können. »Die Wahrheit geht viel leichter aus einem Irrtum als aus der Verwirrung hervor«, sagte Francis Bacon, der frühneuzeitliche Philosoph 1620 im *Novum Organon*, und Th. Kuhn, der Erfinder der Paradigmentheorie, brachte ihn 1962 mit diesem Satz zu neuer Bekanntheit[41]. Aus ihm folgt, dass die Auseinandersetzung mit Dehns Idee von der geschichtlich abgetanen Missionstheologie auch dann noch sinnvoll wäre, wenn Dehn selbst sie mittlerweile schon hinter sich gelassen haben sollte. Totgesagte leben länger. Zu meiner älteren Generation gehörte außer der Paradigmentheorie auch das Abenteuer der Hermeneutik mit seinen teilweise abenteuerlichen Irrwegen[42]. Hermeneutik, die positiv mehr um-

---

[40] Siehe hierzu Balz, 2010, 183, 194.

[41] Thomas Kuhn, Die Struktur wissenschaftlicher Revolutionen, (Englisch 1962) Deutsch 1988⁹; das Bacon-Zitat 33.

[42] Siehe hierzu Heinrich Balz, Einkehr in das Wort? Ernst Fuchs – ein Kapitel über Kommunikation und Hermeneutik, Theol. Diss. Tübingen 1973, masch. Der IV. Teil von Balz 2010, Hermeneutik und Bestehen des Glaubens, insbesondere das Kapitel über »Verstehende Missionswissenschaft«, 364–385, setzt diese Auseinandersetzung mit und teilweise Aneignung von Fuchsscher Hermeneutik voraus.

fasste als eine Methode des Umgangs mit Texten und die den Forschenden und Verstehenden in solcher Grundsätzlichkeit miteinbezog, dass ihm manche bei der neuen Generation wieder verbreitete einfachere Verfahrensweisen eher als Rückschritt anmuten.

Was den Alten bleibt im Blick auf den Fortgang der Wissenschaft, ist also nicht neue Programmatik, sondern der Versuch, im Gange befindliche Veränderungen vorsichtig zu deuten und Vermutungen über ihre Reichweite und ihren künftigen Fortgang anzustellen. Der Antrieb der Postmoderne, die Moderne anders zu lesen, aber eben doch zu lesen, ist auf seine Weise eher eine Haltung der älteren als einer jüngeren Generation. So kommen beobachtete Neuaufbrüche mit fortgesetzten Relektüren zusammen. Dies steuert in traditioneller Interdisziplinarität hin zu Leo Tolstojs hintersinniger Frage: »Wieviel Erde braucht der Mensch?«[43] Hat er zu wenig, dann kann er sich und das, was er Eigenes zu sagen hat, nicht entfalten. Misst er sich aber zu viel Land aus, mehr als er vor Sonnenuntergang umschreiten kann, dann scheitert er. Dies ist der Sinn von Tolstojs später Erzählung mit diesem Titel. Wieviel: Das heißt, eine tiefsinnige qualitative Frage in eine bescheidenere quantitative umzuformen.

(Prof. Dr. Dr. Heinrich Balz war bis zu seiner Emeritierung Professor für Missions- und Religionswissenschaft sowie Ökumenik an der Humboldt-Universität zu Berlin)

ABSTRACT

German »Intercultural Theology« has so far not fulfilled the expectation of being taken over in the Anglophone world. Instead, »World Christianity« is common as an alternative key word, particularly with A. Walls and his school in Edinburgh. A comparable parallel movement is the »Munich school of World Christianity« initiated by the Church historian K. Koschorke. In German missiology U. Dehn pleads for »Weltweites Christentum« and combines it with proclaiming the end of mission theology. This invites new reflection on what is meant by »theology«: Insertion into the acknowledged Christian tradition – H. Wrogemann – but also – with H.-W. Gensichen and in the line of K. Barth – asking the unsolved questions which the Christian faith has with itself.

[43] Leo N. Tolstoj, Wieviel Erde braucht der Mensch? (1886), in: Ders., Sämtliche Erzählungen, Bd. 5, Frankfurt a. M. 19822, 115–133.

Wie steht es um das Heil der Ahnen?

Eine alte Frage neu aufgerollt

Martin Repp

B. B.
in Freundschaft gewidmet

Einleitung[1]

Die Frage nach dem Heil der Ahnen taucht auf, wenn sich Menschen infolge von Mission zum christlichen Glauben bekehren, denn dies impliziert in der Regel, sich zugleich vom Glauben der Vorfahren abzuwenden. Den Gläubigen von Religionen, in die sie hineingeboren wurden, stellt sich dieses Problem i. d. R. nicht, denn sie verdanken die Überlieferung der heilvollen Lehre und Praxis gerade ihren Vorfahren. Seit Beginn der Mission sehen sich Neubekehrte mit der wichtigen Frage konfrontiert, wie es um das Heil ihrer Ahnen bestellt sei, wenn sie zur Überzeugung gelangt sind, dass der neue Glaube das Heil vermittelt und nicht mehr der alte. Ein früher biblischer Hinweis für solch ein Problembewusstsein findet sich in 1. Kor. 15,29, wo Paulus von denjenigen spricht, die sich für die Toten taufen lassen. Dies wird auch »Totentaufe« oder »Vikariatstaufe« genannt.[2] Einen anderen Hinweis liefert 1. Ptr. 3,19, wo Christi Tod und Auferweckung

[1] Zu Dank verpflichtet bin ich Herrn Volker Kühnle und Dr. Reinhard Kiefer (beide Neuapostolische Kirche) für die hilfreiche Bereitstellung eines Manuskriptes und die freundliche Genehmigung zum Zitieren sowie meinem Kollegen Dr. Jörg Bickelhaupt (Zentrum Oekumene der EKHN und EKKW) für hilfreiche Anregungen und Gespräche.

[2] Jörg Bickelhaupt, Taufe, Glaube, Geist – Ein Beitrag zur neueren innerevangelischen Diskussion, Leipzig 2015, 167, 214. Bickelhaupt weist auch auf die wichtige Frage hin, inwiefern die historische Tatsache etwa der Vikariatstaufe theologisch-normativ behandelt werden kann; a. a. O. 214; vgl. 632. Die Vikariatstaufe wurde auf der dritten Synode von Karthago 397 verboten, da sie mit Häretikern in Verbindung gebracht wurde (vgl. Christian Wolff, Vikariatstaufe, in: RGG, Bd. 8, Tübingen, 2005⁴, Sp. 1114f.). Vermutlich resultiert hieraus die Kritik der etablierten Kirchen an dieser Praxis bis in die Neuzeit hinein.

folgendermaßen erklärt werden: »Im Geist« sei er »hingegangen und hat gepredigt den Geistern im Gefängnis«. Das Ziel von Christi Predigt für die Toten wird dann in 1. Ptr. 3,21 als deren »Rettung« bestimmt.

Auf solchen Bibelstellen basiert dann das Zeugnis der frühen Kirche für die Sorge um die Verstorbenen im zweiten Artikel des Apostolischen Glaubensbekenntnisses, wonach Christus »hinabstieg in das Reich der Toten«. Dieses Bekenntnis bedeutet, dass Christus nicht nur den Lebenden, sondern auch den Verstorbenen das Evangelium predigt. Das Motiv von Christi Predigt für die Toten findet sich später auch in der Ikonographie unter dem Motiv der »Höllenfahrt Christi« wieder.[3] Seit Beginn der Kirche drückt sich also die Frage nach dem Heil der Vorfahren in der praktisch-theologischen Form der Totentaufe aus wie auch im christologischen Bekenntnis des Abstiegs in das Reich der Toten und der Predigt für sie.

Der unmittelbare Anlass für das Verfassen dieses Artikels war das Gespräch mit einem afrikanischen Freund, der mit dieser Frage innerlich befasst war. In meiner gerade veröffentlichten Untersuchung zur Geschichte der Religionstheologien war dieses Problem nämlich wiederholt aufgetaucht. Dieses Thema müsste in der Literatur der Missionen und der Missionswissenschaft eigentlich behandelt worden sein, da es eine zentrale Frage etwa in Afrika und Asien darstellt. In der mir verfügbaren Literatur konnte ich es jedoch nicht finden, auch nicht in der *Zeitschrift für Mission* der letzten Jahrzehnte. Das *Lexikon missionstheologischer Grundbegriffe* enthält nur die beiden Einträge »Ahnenverehrung allgemein« und »Ahnenverehrung in Afrika«, aber nicht das Thema des Heils der Ahnen. Analoges gilt auch für den Artikel »Ahnen/Ahnenverehrung« der 4. Auflage der RGG.[4] In der vorliegenden Untersuchung geht es also nicht primär um die Frage der Ahnenverehrung[5] in kirchlichem Kontext, sondern um diejenige nach dem Heil der Ahnen.

Im Folgenden werde ich unser Thema zuerst religions- und missionswissenschaftlich anhand von afrikanischen Beispielen vorstellen. Man könnte dies

---

[3] Siehe hierzu etwa Martien E. Brinkman, The Descent into Hell and the Phenomenon of Exorcism in the Early Church, in: Jerald D. Gort u. a. (Hg.), Probing the Depths of Evil and Good – Multireligious Views and Case Studies, Amsterdam/New York 2007, 235–241.

[4] Die RGG enthält allerdings den für unsere Fragestellung relevanten Artikel »Vikariatstaufe«. Die TRE hat keinen eigenen Eintrag für »Ahnen(verehrung)«, sondern behandelt dieses Thema jeweils unter den Artikeln »Afrika«, »China« usw.

[5] Wie weit gefächert und multidimensional diese Thematik selbst ist, vermittelt Ulrich Dehn, Die Lebenden und die Toten – Zur Ahnenverehrung aus religionsgeschichtlicher und theologischer Sicht, in: ZMiss XXIV/1 (1998), 31–47.

ebenso auch anhand asiatischer Länder tun. Dann wird die Vikariatstaufe der Neuapostolischen Kirche behandelt, die sich im 19. Jahrhundert gerade an der Frage des Heils der Verstorbenen von den protestantischen Kirchen Europas getrennt hatte. Ihre temporären »Missionserfolge« in einigen afrikanischen und asiatischen Ländern werfen die Frage auf, ob dies u. U. auch mit der Vikariatstaufe zusammenhängen könnte, denn die protestantischen Missionskirchen vernachlässig(t)en dieses für die meisten Afrikaner und Asiaten so wichtige Thema. Aufgrund dieser Problemanzeige in der neueren Missions- und Kirchengeschichte und gegenwärtigen Situation werden im nächsten Schritt einige Beispiele der früheren Missions-, Kirchen- und Theologiegeschichte unter der genannten Fragestellung vorgestellt. Zum Schluss sollen dann einige Folgerungen systematisch gezogen werden.

1. Die Rolle der Ahnen in afrikanischen Kulturen, Kirchen und Theologien

1.1 Ahnen in den afrikanischen Religionen

In den traditionellen Stammesgesellschaften Afrikas spielen Ahnen[6] eine Schlüsselrolle für das Gelingen des individuellen und gemeinschaftlichen Lebens.[7] Wenn Vorfahren gestorben sind, sind sie noch lange nicht »tot« im Sinne von »nicht mehr existent«, wie es in Europa seit der Aufklärung oft vorgestellt wird, sondern sie wirken weiter als »Lebend-Tote« (*living-dead*) oder Seelen der Toten (»Totenseelen«).[8] Dadurch wird eine wechselseitige Kommunikation zwischen beiden möglich und notwendig. Die Nachkommen richten ihre Gebete um Gesundheit, Nachkommen, Schutz, gute Ernte usw. an die Seelen der Toten, welche

---

[6] John S. Mbiti ist zwar der Auffassung, dass der Begriff der Ahnen in diesem Kontext unzutreffend sei, da er nur die eigenen Vorfahren bezeichnet, während die »Lebenden-Toten«, »Totenseelen« oder »Geister« auch verstorbene Kinder oder Erwachsene ohne Nachkommen beinhalten. In dieser Untersuchung verwende ich ihn jedoch im weiten Sinne, wie es in der entsprechenden Literatur üblich ist. John S. Mbiti, Afrikanische Religion und Weltanschauung, Berlin/New York 1974, 106f.

[7] Dies gilt auch für traditionelle Gesellschaften anderer Kontinente, wie etwa in Asien.

[8] Mbiti, a. a. O. 32. Der Theologe François Kabasélé erklärt: »Die Bantu-Ahnen sind keine Toten, sondern Lebende. Damit ist, wenn auch vielleicht etwas überspitzt, der ganze Unterschied zwischen einem europäischen Ahnen und einem Bantu-Ahnen ausgedrückt: jener ist eine Erinnerung, dieser eine Gegenwart.« Françoise Kabasélé, Christus als Ahne und Ältester, in: Der schwarze Christus – Wege afrikanischer Theologie. Theologie der Dritten Welt, Bd. 12, Freiburg u. a. 1989, 79.

diese Bitten Gott als dem Schöpfer oder dem höchsten Wesen übermitteln. Umgekehrt sorgen die Menschen für das Wohl ihrer Ahnen, indem sie sie mit rituellen Gastmahlen regelmäßig bewirten und sie durch ihre Ehrerbietung vor dem Vergessen bewahren.[9] Die Ahnen sind auch »die Hüter des Familienlebens, der Traditionen, ethischen Normen und alles Tuns«.[10] Die Hinterbliebenen kommunizieren mit ihnen, solange ihre Namen in ihrem Gedächtnis bleiben. Wenn die Ahnen in Vergessenheit geraten, wechseln sie vom Bereich, den die Akan *sasa* nennen, über in den Bereich *samani*, in dem ihre Existenz verlöscht ist.[11]

1.2 Die Rolle der Ahnen in den Missionskirchen und in den indigenen Kirchen

Was passiert nun mit den Ahnen in der Missionspraxis, wenn sich Afrikaner zum christlichen Glauben bekehren? Lange hatten Missionare die Riten für die Ahnen als Götzendienst betrachtet und sie daher den neu bekehrten Christen verboten.[12] Zu solch einem Verständnis trug auch die Kategorie *ancestor worship* (Ahnenkult oder Anbetung der Ahnen) wesentlich bei.[13] Dieser Auffassung wurde dann entgegengehalten, dass man zwischen »Anbetung« (*worship*) und »Verehrung« (*veneration*) differenzieren müsse und dass nur Letzteres für den rituellen Umgang mit Ahnen zutreffe.[14] Schließlich würden nur die Gottheiten angebetet. In der Frömmigkeitspraxis der Missionskirchen blieb es de facto jedoch bei dem Verbot der Ahnenverehrung. Dies hatte zur Folge, dass für Afrikaner das Vakuum einer vormals zentralen religiösen Praxis im kirchlichen Leben entstand. Daher praktizierten sie solch eine Verehrung dann außerhalb des kirchlichen und

---

[9] Mbiti, Afrikanische Religion und Weltanschauung, 104f.

[10] A. a. O. 104. In seinem Gedicht »Les morts ne sont pas morts« (dt. »Der Hauch der Ahnen«) portraitiert Birago Diop (Senegal) das kosmische Wirken der Ahnen in beeindruckender Weise.

[11] Mbiti, Afrikanische Religion und Weltanschauung, 35.

[12] Die abqualifizierende Kategorisierung fremder religiöser Vollzüge ist in der neuzeitlichen christlichen Mission sehr verbreitet, aber man muss sich vor Augen halten, dass es andere biblische Auffassungen und differenziertere Zugänge in der Geschichte gibt, welche eine positive Verhältnisbestimmung zu anderen Religionen darstellen. Für einige Beispiele siehe etwa Martin Repp, Der eine Gott und die anderen Götter – Eine historische und systematische Einführung in Religionstheologien der Ökumene, Leipzig 2018, 47–65, 98–102, 274–285, 305–326.

[13] Dieser Begriff geht wohl auf Herbert Spencer (Principles of Sociology, 1885) zurück. Mbiti, Afrikanische Religion und Weltanschauung, 11.

[14] Siehe hierzu etwa Heinrich Balz, Art.: Ahnenverehrung (II in Afrika), in: Karl Müller/Theo Sundermeier (Hg.), Lexikon missionstheologischer Grundbegriffe, Berlin 1987, 23f.; Theo Sundermeier, Nur gemeinsam können wir leben – Das Menschenbild schwarzafrikanischer Religionen, Gütersloh 19902, 143f.

gottesdienstlichen Rahmens im privaten familiären Leben. Der Ursprung für das Auseinanderdriften von religiöser Praxis liegt zuerst einmal darin, dass die protestantischen Missionare seit Beginn des 19. Jahrhunderts mehr oder minder stark vom Rationalismus geprägt waren und damit eine »aufgeklärte« Religionskritik unreflektiert in vormoderne religiöse Kulturen hineintrugen. Zudem fehlten ihnen genügend religionswissenschaftliche Kenntnisse, um die Ahnenverehrung als religiöses Phänomen an sich zu verstehen und nicht aus einer abendländisch-theologischen Brille heraus. Jaco Beyers und Dora Mphahlele formulierten das seither aufgeworfene Problem in Form der Frage, ob es in den Kirchen einen Ort gäbe, an dem die Menschen eine Beziehung mit den verstorbenen Familienmitgliedern bewahren können, nachdem sie zum Christentum konvertiert seien.[15]

In seinen Untersuchungen zu traditionellen Riten afrikanischer Christen in Missionskirchen (*mainline churches*) gelangte Luvuyo Ntombana zu folgender Schlussfolgerung:

> The main problem resonates from the fact that members of MC [mainline churches] do not freely express their Africanness in Church, but when they are outside the Church they freely perform African traditional rituals and customs which include practices such as *ukubuyisa* (the ritual reincorporation of the living-dead), *imbeleko* (ritual inclusion of babies into the clan), *ukwaluka* (rite of passage into adulthood), and visiting of traditional healers to seek guidance from ancestors. The other reality is that as much as elders of the MC are comfortable with the practice of *African rituals behind the Church doors*, young people find problems with this as to them it *translates into two identities*. The main problem is not the practice of rituals but the fact that they are practiced away and *kept secret from other Church members*, moreover that they are members of Churches that are known to be against such practices.[16]

Damit formulierte Ntombana das Problem der gespaltenen religiösen Identität bzw. der doppelten religiösen Loyalität. Afrikanische Christen in den Missionskirchen mussten in der unversöhnten Spannung zwischen westlichem Christentum und traditionellen einheimischen Riten leben.[17]

---

[15] Jaco Beyers/Dora Mphahlele, Jesus Christ as Ancestor: An African Christian Understanding, in: HTS Teologiese Studies/Theological Studies Vol. 65 (1) (2009), 6; http://www.hts.org.za. Sie bezogen sich hierbei auf Diane B. Stinton, Jesus of Africa: Voices of Contemporary African Christologies, Nairobi 2004, 137.

[16] Luvuyo Ntombana, The Trajectories of Christianity and African Ritual Practices: The Public Silence and the Dilemma of Mainline Churches, in: Acta Theologica 35 (2015), 105 (kursiv vom Verfasser).

Gegenüber der Situation in den westlich geprägten Missionskirchen weist Ntombana darauf hin, dass die Afrikanischen Einheimischen Kirchen (*African independent* bzw. *initiated churches*) jedoch die Ahnenverehrung in ihre Liturgien integriert haben:

> »Generally, African independent churches agree that the ancestors are an important part of African culture; therefore, they should not be demonised. As a result they have incorporated them in their church liturgy.«[18]

Die afrikanischen Gründer der unabhängigen Kirchen lasen und lesen die Bibel nicht unter den Prämissen des Rationalismus oder einer modernen westlichen Theologie, sondern mit ihren »einheimischen Augen«, d. h. unter der hermeneutischen Prämisse eines indigenen Lebensgefühls und eines entsprechenden Welt-, Menschen- und Gottesbildes. Durch diese »vormoderne« Art des Bibellesens unmittelbar in und aus dem jeweiligen kulturellen Kontext heraus entdeckten sie Glaubensvorstellungen und kirchliche Gestaltungsmöglichkeiten, welche infolge der abendländischen Verengungen im Lauf der Kirchengeschichte verstellt worden waren. Damit ermöglichten sie auch die Integration der Ahnenverehrung in ihren Glauben.

Ein Vergleich etwa mit japanischen indigenen Kirchen zeigt, dass sich hier analoge Entwicklungen vollzogen haben. Ähnlich wie in Afrika spielt die Ahnenverehrung im religiösen Leben der Japaner heute noch eine grundlegende Rolle, auch hier hatten die Missionare auf diese Herausforderung nicht geantwortet, und folglich hatten die Missionskirchen dies ebenso vernachlässigt. In einer religionssoziologischen Untersuchung hat Mark Mullins gezeigt, dass die meisten von diesen indigenen Kirchen Japans jedoch theologisch und praktisch mit der Frage des Heils der Ahnen befasst sind.[19] Mindestens eine von ihnen, die Iesu no Mitama Kyōkai (Kirche des Geistes Jesu), entwickelte auf der Textgrundlage von 1. Kor. 15,29 auch die Praxis der Vikariatstaufe, um den Ahnen das Heil zu vermitteln.[20] Die Frage nach dem Heil der Ahnen stellt sich Japanern beson-

---

[17] A. a. O. 107. Die ehemalige ökumenische Mitarbeiterin einer afrikanischen Missionskirche bestätigte den geschilderten Sachverhalt, dass die Frage der Ahnenverehrung hier praktisch-theologisch nicht gelöst sei, dass daher die Christen mit diesem Problem allein gelassen werden und dass sie folglich individuelle und private Lösungen praktizieren.

[18] A. a. O. 114.

[19] Mark R. Mullins, Christianity Made in Japan – A Study of Indigenous Movements, Honolulu 1998, 129–155.

[20] A. a. O. 102, 150–152.

ders bei Vorfahren, die einen »schlimmen Tod« gestorben sind, wie etwa bei den Opfern der Atombomben von Hiroshima und Nagasaki.[21]

1.3 Die Rolle der Ahnen in afrikanischen Theologien: Jesus Christus als Ahne?

Wenn es nun so aussieht, dass die Missionskirchen in Afrika die Ahnenverehrung aus der kirchlichen Praxis bisher ausschlossen, so gibt es doch spätestens seit den 1970er Jahren Bemühungen, theologische Brücken zu schlagen. Dies geschah in der katholischen Kirche etwa durch den Versuch, die Ahnen unter der Kategorie der »Heiligen« aufzufassen. Einige afrikanische protestantische Theologen bemühten sich, Jesus Christus als »Ahnen« zu interpretieren. Beide Sachverhalte können verstanden werden als Versuche, auf die »Herausforderung Ahnen« theologisch, d.h. theoretisch, zu antworten.

Der bekannte Theologe John Pobee etwa war der Auffassung, das göttliche Wesen Jesu, insbesondere »seine [von Gott verliehene] Autorität und Vollmacht als Richter über menschliches Handeln«, sei Grund der Möglichkeit, »Jesus als den großen, den würdigsten Ahnen« betrachten zu können.[22] Er erklärte weiter:

> In der Akan-Gesellschaft kommen Zustimmung für gutes Leben und Strafe für böse Taten vom Höchsten Wesen und von den Ahnen. Und die Ahnen besitzen diese Autorität im Dienste der übergeordneten Macht. ... Dazu gehört Macht und Autorität, über die Taten der Menschen zu richten, die guten zu belohnen und die bösen zu bestrafen. In unserem Kontext versuchen wir zu betonen, daß Jesus, obwohl selbst ein *Nana*[23] wie die anderen berühmten Vorfahren, doch ein unvergleichlicher Richter ist, den anderen Ahnen durch seine Gottesnähe und sein göttliches Wesen überlegen. Als *Nana* besitzt er nicht nur über die Welt der Menschen Autorität sondern über alle Geist-Wesen, besonders die kosmischen Kräfte und die Ahnen.[24]

Das Verbindende zwischen Ahnen, Jesus Christus und den Heiligen (s. u.) besteht darin, dass sie alle als Vermittler des Heils zwischen Menschen und Gott in der einen oder anderen Weise fungieren können. Insgesamt kann man die soge-

---

[21] A. a. O. 153.
[22] John S. Pobee, Grundlinien einer afrikanischen Theologie, Göttingen 1981, 91.
[23] Ein Ahne in der Sprache der Akan.
[24] Pobee, Grundlinien einer afrikanischen Theologie, 91.

nannte »ancestor Christology« als einen der Versuche der Inkulturation des Evangeliums in afrikanischen Kirchen begreifen. Insbesondere kann die »Ahnen-Christologie« auch als *eine* Antwort auf die Herausforderung der Ahnenverehrung in den Missionskirchen verstanden werden.

Die »Ahnen-Christologie« ist durchaus umstritten. Zuerst einmal gibt es die Kritik, dass die Unterschiede zwischen Christus und den Ahnen gravierender seien als mögliche Ähnlichkeiten, wie etwa der göttliche Charakter Christi oder das Fehlen von Nachkommen. Dann gibt es in jüngerer Zeit eine empirisch begründete Kritik an der systematisch-theologisch entwickelten »Ahnen-Christologie«, wie sie von Theologen wie John Pobee (s. o.) oder Kwame Bediako entwickelt wurde.[25] So bezweifelt etwa der Theologe Timothy Palmer die Möglichkeit der Anwendung solch einer Interpretation, denn in empirischen Untersuchungen zu Glaubensvorstellungen der Studenten einer theologischen Hochschule in Nordnigeria kommt er zu dem Schluss: »The theology of Christ as an ancestor does not resonate with most of these respondents.«[26] Daraus schließt er: »In short, there is an incredible gap between the ‚ivory tower‘ scholarship of some of the academic professors and the experience of African students who are close to the ‚grassroots‘.«[27]

Hier kann die »Ahnen-Christologie« nicht zureichend diskutiert werden, denn wir müssen uns auf die Frage nach dem Heil der Ahnen konzentrieren. Aufgrund der bisherigen Ausführungen könnte man dieses Problem folgendermaßen fassen: In den traditionellen Gesellschaften werden die Ahnen in der doppelten Rolle verstanden einerseits als aktive Subjekte, die für ein heilvolles Leben ihrer Nachkommen auf dieser Erde sorgen, und andererseits als Empfänger der Verehrung, auf die sie von den lebenden Nachkommen angewiesen sind. Demgegenüber verweist die neue Auffassung von der Erlösungsbedürftigkeit der Vorfahren die Ahnen primär in eine passive Rolle, wobei die bekehrten Nachfahren ihre weitere fürsorgende Tätigkeit nicht notwendigerweise unterschlagen. Insgesamt wird der Akzent jedoch gravierend verschoben, wenn Ahnen infolge der Bekehrung ihrer Nachfahren auf einmal als zu erlösende Wesen betrachtet werden, die der Heilsvermittlung durch die Menschen bedürfen. Bisher genügte zu ihrem

---

[25] Eine kurze Übersicht solcher Theologen findet sich bei Timothy Palmer, Jesus Christ: Our Ancestor?, in: Africa Journal of Evangelical Theology 27 (1) (2008), 65–67.

[26] A. a. O. 73.

[27] A. a. O.

Wohlergehen, und damit zu ihrem »Heil«, ja nur ihre fortgesetzte rituelle Verehrung.

1.4 Die Frage nach dem Heil der Ahnen in der Römisch-Katholischen Kirche

Der katholische Theologe François Kabasélé behandelte die katechetischen Versuche kritisch, welche die »Ahnen in die Kategorie der Heiligen einzubeziehen« versuchten.[28] Dies erklärte er folgendermaßen:

> Diese, wie uns scheint, allzu einfache Form der Einbeziehung der Bantu-Ahnen ist aus der guten Absicht entstanden, *die Notwendigkeit unserer Rettung durch Jesus Christus mit der Güte des Schöpfers zu verbinden, der doch diejenigen nicht verwerfen kann, die auch von seinen Händen und nach seinem Ebenbild geformt worden und die nur das ›Pech‹ hatten, seinem Sohn nicht begegnet zu sein.* ... Aber sie können sehr wohl beispielhaft sein im Hinblick auf Werte, die ihrem Ursprung nach nicht christlich sind, die es aber werden können – etwa in der Art eines Spätergekommenen, der im Saal einen noch freien Platz einnimmt: den Sitz, der für ihn reserviert war.[29] *In dem Maße, als neue Kulturen Christus begegnen, werden sicher noch verschiedene ›freie Sitze‹ im Christentum besetzt werden. Bantu-Werte, wie etwa der Ahnenkult, werden christlich durch die Tatsache, daß sie von Bantu-Christen in einer Synthese gelebt werden, die weder mit den Bantus noch mit Christus bricht,* einer Synthese, deren vorherrschendes Kriterium die bedingungslose und absolute Liebe zu Gott und den Brüdern ist.
>
> Unsere Bantu-Ahnen haben es nicht nötig, als ›Heilige‹ eingefärbt zu werden, um unsere Verehrung zu verdienen. *So, wie sie sind, sind sie die Gründer unserer Gesellschaften, versöhnende Vermittler für die Menschen und gegenwärtig in unserem täglichen Leben.* Die Botschaft Christi hat uns verstehen lassen, daß auch sie auf dem Weg zur Vollendung sind. Und eben dies steht in vollkommenem Einklang mit der Bantu-Kultur, die uns zeigt, daß die Ahnen uns noch brauchen, daß ihr Glück gewissermaßen vom Wachstum des Lebens ihrer Nachkommen abhängt. ... So wie Christus, der einzige Priester, die menschlichen Vermittlungen nicht aufhebt,[30] sondern sie in sich vollendet, *so vollendet er in sich auch die*

---

[28] Kabasélé, Christus als Ahne und Ältester, 84.
[29] Hierbei handelt es sich um eine Anspielung auf Jesu Gleichnis vom Gastmahl Luk. 14, 16–24.
[30] Damit grenzt sich der Autor von den Reformatoren ab, welche das »Amtspriestertum« aufzuheben versuchten.

von unseren Ahnen ausgeübte Vermittlung … es mag uns genügen fest-
zustellen, daß die Vermittlung der Ahnen den Bantu-Christen zu einem
besseren Verständnis der Fülle der Vermittlung durch Jesus Christus ver-
helfen kann.[31]

Kabasélé geht in seinen Überlegungen dezidiert von einem schöpfungstheologi-schen Ansatz aus und vermeidet so den kritischen bzw. konfrontativen Zugang zur Frage des Heils der Ahnen, wie es bei protestantischen Kirchen aufgrund der einseitigen Betonung der Soteriologie bzw. Christologie vorherrschend ist. Er bestimmt das Verhältnis zwischen Ahnenverehrung und christlichem Glauben gemäß der Vollendungs-Theologie des Thomas von Aquin, die letztlich auf Cle-mens von Alexandrien zurückgeht.[32] Von hier aus wenden wir uns nun der Vika-riatstaufe in einer abendländisch-christlichen Gemeinschaft zu.

2. Die stellvertretende Taufe für die Toten in der Neuapostolischen Kirche

2.1 Lehre und Praxis der Totentaufe in der Neuapostolischen Kirche

Die Neuapostolische Kirche (NAK) entwickelte seit 1872 die Taufe für Entschla-fene als praktische Antwort auf die Frage nach dem Heil von Totgeborenen und Kindern, die ungetauft gestorben waren.[33] Zu Beginn wurden Verstorbene ge-tauft, die namentlich genannt wurden. Seit den späten 1920er Jahren wurde auf eine »konkrete personale Zuordnung verzichtet«.[34] Es wird keine Wiedertaufe von nichtapostolischen Seelen vorgenommen.[35] In diesem Punkt unterscheidet sich die Praxis der Neuapostolischen Kirche gravierend von derjenigen der Mor-monen, der Kirche Jesu Christi der Heiligen der Letzten Tage.

Im neuen *Katechismus der Neuapostolischen Kirche* von 2012 (im Folgenden zitiert als KNK) wird die Taufe für Verstorbene folgendermaßen erklärt: Die Voraussetzung für diese Praxis ist der Glaube, dass die Seelen der Verstorbenen nach dem Tode weiterleben – diejenigen Seelen nun »im Jenseits, die nie vom

---

[31] Kabasélé, Christus als Ahne und Ältester, 85f. (kursiv vom Verfasser).
[32] Repp, Der eine Gott und die anderen Götter, 82, 119.
[33] Reinhard Kiefer, Das Entschlafenenwesen, maschinenschriftliches Manuskript vom 7.6.2012, 1.
[34] A. a. O. 2.
[35] A. a. O. 5.

Evangelium gehört, keine Sündenvergebung erfahren und kein Sakrament emp-
fangen haben, befinden sich in einem Zustand der Gottferne«.[36] Dieser Zustand
»kann nur durch den Glauben an Jesus Christus«, den Sieger über den Tod und
»Erstling in der Auferstehung« (1. Kor. 15,55 und 23; Hebr. 2,14) sowie durch
»die Annahme seines Verdienstes und den Empfang der Sakramente überwunden werden«.[37] »Hilfe für Entschlafene« wird nun dadurch möglich, dass seit
Christi Opfer »der Zustand der Seelen im Jenseits veränderbar [ist]. Heil kann
also auch noch nach dem leiblichen Tod erlangt werden«.[38] Dies wird konkret
realisiert zum einen durch die Fürbitte für die »Unerlösten« durch diejenigen
Toten und Lebenden, »die in Christus sind«, und zum anderen geschieht dies
durch die »Sakramentspendung für Verstorbene«.[39] Als biblische Grundlage dafür wird 1. Kor. 15,29 genannt, wonach Lebende sich für Tote in Korinth taufen
ließen. »Diese aus dem Heiligen Geist gewirkte Praxis wurde von den Aposteln
der Neuzeit wieder aufgenommen. Es entwickelten sich die heute üblichen Gottesdienste für Entschlafene.«[40]

Bibelstellen wie Joh. 3,16 und 1. Tim. 2,4–6 (vgl. 1. Kor. 15,22) werden als
Beleg dafür zitiert, dass nach Gottes Willen »allen Menschen geholfen wird«.
Daher heißt es: »Gottes Heilswille ist universal.«[41] Dies gilt auch für Verstorbene, denn in 1. Petr. 4, 6 steht: »Denn dazu ist auch den Toten das Evangelium
verkündigt,[42] dass sie zwar nach Menschenweise gerichtet werden im Fleisch,
aber nach Gottes Weise das Leben haben im Geist.«[43] Folglich gilt: »Die Wirkung
der Sakramente als wesentliche Elemente der Heilsvermittlung ist für Lebende

---

[36] Neuapostolische Kirche International (Hg.), Katechismus der Neuapostolischen Kirche, Frankfurt a. M.
2012, 357 (im Folgenden zitiert als KNK).
[37] A. a. O. 357f., vgl. 356.
[38] A. a. O. 358; Kiefer erklärt, die Totentaufe wende sich gegen die Auffassung, nach dem Tod könne die
Seele ihre Haltung Gott gegenüber nicht mehr ändern, wie sie sich in den Vorstellungen der ewigen
Höllenstrafen, der ewigen Verdammnis und dergleichen ausdrückt. Kiefer, Das Entschlafenenwesen, 5f.,
[39] KNK, 361, 358.
[40] A. a. O. 358f. Gegenüber der neuzeitlichen kirchlichen und exegetischen Rezeption von 1. Kor. 15,29,
welche diesen Satz von der späteren Perspektive einer häretischen Verurteilung der Totentaufe interpretiert, wie es etwa seit der 3. Synode von Karthago (397) geschah, weist Kiefer auf die neueren Exegeten
Helmut Merklein und Marlis Gielen (Der erste Brief an die Korinther. Kap. 11,2–16,24, Gütersloh 2005,
332) hin, welche dieses Sachverhalt ohne dieses Vorurteil so beschreiben, »dass die Totentaufe in der
korinthischen Gemeinde (vielleicht sogar darüber hinaus auch in anderen paulinischen Gemeinden) eine
selbstverständliche Praxis war, die als solche auch von der Gruppe der Auferstehungsleugner geübt
wurde«. Kiefer, Das Entschlafenenwesen, 4.
[41] KNK, 360.
[42] Vgl. 1. Petr. 3,19.
[43] A. a. O.

und Tote gleich.«[44] Die Taufe und das Abendmahl werden den Entschlafenen konkret dadurch gespendet, dass »die jeweilige sichtbare Handlung an Lebenden vorgenommen wird«.[45] »Verstorbene, die durch die Heilige Wassertaufe und die Heilige Versiegelung[46] die Wiedergeburt aus Wasser und Geist erfahren haben, sind den in Christus Gestorbenen (1. Thess. 4,6) gleichgestellt.«[47]

2.2 Die Totentaufe in der Mission der Neuapostolischen Kirche

Von dieser theologischen Grundlegung und religiösen Praxis aus ist nun zu überlegen, was die Totentaufe eigentlich in Kulturen bedeutet, in denen die Ahnen in der religiösen Verehrung noch lebendig sind. Dies gilt besonders für die meisten Länder Afrikas und Asiens. Daher verdienen die Missionspraxis und die Missionserfolge der NAK hier besondere Aufmerksamkeit. Wenn man die Anfänge der Etablierung der NAK in Afrika, Nord- und Südamerika, Australien und Asien betrachtet, sind solche Erfolge durchaus nicht selbstverständlich, denn es waren zu Beginn vor allem deutsche Immigranten, welche zuerst deutsche und dann auch andere Immigranten missionierten. Erst später wandten sie sich auch den Einheimischen zu. Der erste Evangelist der NAK in Afrika war der deutsche Immigrant Carl Klibbe, der seit 1889 in Südafrika unter deutschsprachigen Immigranten missionierte.[48] In der zweiten Generation war es dann der Sohn deutscher Immigranten, Heinrich Franz Schlaphoff (1894–1965), der diese ethnische Begrenzung in den 1920er Jahren durchbrach, indem er zum einen die Gottesdienste nicht mehr auf Deutsch halten ließ, sondern auf Englisch und Afrikaans, und zum anderen die Mission unter den Xhosa in Natal initiierte.[49] Da dieses Volk bereits seit den 1820er Jahren von Methodisten und der Berliner Mission missioniert worden war, handelte es sich wahrscheinlich vor allem um Christen aus den Missionskirchen, die sich zur NAK bekehrten.[50] Die Missionierung der NAK unter Afrikanern weitete sich dann von Südafrika aus nach Sambia, Zim-

---

[44] A. a. O.
[45] A. a. O.
[46] Dies ist die Übertragung des Heiligen Geistes durch den Stammapostel.
[47] A. a. O.
[48] http://www.nak.org/de/news/news-display/article/18668/ (20.7.2018).
[49] http://nac.today/de/a/453923# (20.7.2018).
[50] Meines Wissens hatte die NAK keine »Pioniermission« betrieben.

babwe, Botswana, Namibia, Kenia, Tansania, Kongo und andere schwarzafrikanische Länder.[51]

Ein äußerst signifikantes Wachstum der NAK kann man vor allem in Afrika und Asien zwischen 1970 und 2000 beobachten, wie aus folgender Statistik[52] zu ersehen ist:

Jahr	Afrika	Amerika	Asien	Europa
1960	97.370	46.047	3.443	376.282
1970	168.303	85.861	6.569	481.591
1980	519.595	146.354	592.840	471.895
1990	3.193.905	298.104	1.897.694	486.984
2000	7.375.139	403.892	1.517.030	530.149

Diese Zahlen werfen die Frage auf, wie es zu solch einem beeindruckenden Wachstum kommen konnte, infolgedessen heute 77,9 % der NAK-Mitglieder in Afrika leben, 12,8 % in Asien und nur 4,4 % in Europa.[53] In einem Artikel der NAK über die erfolgreiche Mission in einigen Distrikten von Kenia heißt es etwa für das Jahr 1976: »The leaders of the African Evangelical Presbyterian Church had converted all their congregations into the New Apostolic faith.«[54] Diese Aussage bedeutet, dass die NAK-Mission hier nicht als Pioniermission geschah, sondern in Form einer Proselytisierung aus anderen christlichen Denominationen. Dies wird vermutlich auch öfter passiert sein. Ob und inwiefern sich dieser Sachverhalt verallgemeinern lässt, können jedoch erst genauere religionssoziologische Untersuchungen zeigen. Wenn dies zutreffen sollte, stellt sich die wichtige Frage, ob dasjenige, was afrikanische Christen in der NAK religiös erhielten, auf religiöse »Mangelerscheinungen« in den Missionskirchen hindeutet. Was macht die Attraktivität der Lehren und Praxis der NAK für afrikanische Christen aus? Wenn wir davon ausgehen, dass für Afrikaner wie auch für Asiaten die Ahnenverehrung zwar grundlegend und zentral ist, dass jedoch die neuzeitliche (vor

[51] http://www.nak.org/de/nak-weltweit/afrika (24.5.2018).
[52] https://en.wikipedia.org/wiki/New_Apostolic_Church (23.7.2018).
[53] A. a. O.
[54] http:77www.nac-e.org/index (25.5.2018).

allem) protestantische Missionen für diese Seite ihrer Religiosität nur ungenügende theologische und praktische Antworten angeboten hat, kann man die Hypothese aufstellen, dass die Totentaufe der NAK für sie eine zufriedenstellende Lösung darstellt.[55] Wenn dies zutrifft, dann sorgen theologische Verkürzungen der protestantischen Kirchen für eine unzureichende seelsorgerliche Betreuung von Menschen in anderen religiös-kulturellen Kontexten. Solche Beobachtungen sollten zur kritischen Selbstreflexion der Kirchen und Theologen führen. Die hier vorgetragene Hypothese bedarf freilich noch der Verifizierung durch religionssoziologische Untersuchungen.

Im nächsten Schritt soll ein historischer Exkurs weiteres Licht auf unser Thema werfen. In der Geschichte christlicher Religionstheologien begegnet das Problem des Heils der Vorfahren oft in Form der Frage nach der Präzedenz der neu eingeführten christlichen Botschaft, die ja raum-zeitlich bedingt ist.[56] Besonders die Missionare mussten auf dieses Problem eine Antwort geben. Zuerst einmal hatten sich die Apologeten der alten Kirche damit auseinandergesetzt, denn sie waren in einer paganen Umwelt aufgewachsen und mussten mit ihr reflektiert kommunizieren. Als Beispiel dafür dient hier Augustin. Daran anschließend wird unser Problem anhand der Jesuiten-Mission in China im 17. Jahrhundert vorgestellt. Eine kurze Behandlung des ersten protestantischen Missionars in Südindien zu Beginn des 18. Jahrhunderts schließt diesen historischen Exkurs ab.

3. Die Frage des Heils der Vorfahren in der Kirchen- und Missionsgeschichte

3.1 Augustins *vera religio* und die *religio Christiana*

Die Theologen der Alten Kirche stellten sich besonders der Herausforderung, welche die Neuheit des christlichen Glaubens mit seinem Anspruch auf universales Heil inmitten der paganen Umwelt darstellte. Augustinus (354–430) etwa bemühte sich um eine religiös-praktische Antwort, indem er den Begriff der *re-*

---

[55] Siehe hierzu etwa den illustrierten Artikel »Service for the Departed in Kabwe«; http://www.naczam.org.zm/Naczam/News/Current%20News/March%202018/Service%20for%20the%20departed%20in%20Kabwe.html (20.7.2018).

[56] Repp, Der eine Gott und die anderen Götter, 60f., 71f., 150f., 271–273 usw.

ligio im Sinne von »Gottesverehrung«[57] zur Vermittlung des Heils vor Christus einführte. In seinem Werk *De vera religio* hatte er von der »christlichen *religio* unserer Zeiten« geschrieben, womit er das Problem der zeitlichen Bedingtheit der christlichen Botschaft ansprach.[58] Später erläuterte Augustinus diese Passage in den *Retractationes* folgendermaßen:

> Wenn ich ferner sagte: ›Das ist die christliche [*religio*] unserer [Zeiten]. Sie zu kennen und ihr zu folgen, ist der sicherste und gewisseste Weg zum Heil‹, so bezieht sich das nur auf den *Namen* der christlichen [*religio*], nicht auf die *Sache*, die mit diesem Namen bezeichnet wird. Die Sache selbst, die nun christliche [*religio*] genannt wird, gab es ja schon bei den Alten. *Denn von Anfang des Menschengeschlechtes an fehlte sie nicht, bis Christus selbst im Fleische erschien. Erst seitdem fing man an, die längst vorhandene wahre [religio] christlich zu nennen.* Als nämlich nach der Auferstehung und Himmelfahrt Christi die Apostel angefangen hatten, von ihm zu predigen, und sehr viele gläubig wurden, da nannte man die Jünger, wie die Schrift erzählt, zuerst zu Antiochien Christen. Darum schrieb ich: ›Das ist die christliche [*religio*] unserer Tage‹, nicht als wäre sie in den früheren Zeiten noch nie dagewesen, sondern weil sie erst in den späteren diesen Namen empfangen hat.[59]

Nach Augustinus gab es also eine *vera religio* bereits seit Schöpfungsbeginn, welche in der anikonischen Verehrung des einen Gottes besteht. Diese *vera religio* ist zugleich eine universale *religio*, welche unter allen Menschen zu finden ist.[60] Seit Christi Geburt werde diese *vera religio* nun *religio Christiana* genannt. In der Sache seien beide miteinander identisch, sie unterschieden sich lediglich dem Namen nach. Augustinus gab jedoch noch einen Unterschied an: Die wahre *religio* führe zwar gewiss zum Heil, aber die *religio Christiana* sei »der sicherste und gewisseste Weg zum Heil«. Er sah also nur einen nominellen und einen graduellen Unterschied zwischen beiden, jedoch keinen sachlichen bzw. qualitativen. Dieser Sachverhalt ist insofern bemerkenswert, als Theologen der Neuzeit in der Regel von einem christologischen Ansatz aus zu denken gewohnt sind;

---

[57] Ernst Feil hat gezeigt, dass *religio* bis zu Beginn der Aufklärung als »Gottesverehrung« und dergleichen zu übersetzen ist; erst danach erhält das Wort die Bedeutung des modernen Begriffs »Religion«. Wenn dies nicht beachtet wird, ergeben sich gravierende Missverständnisse, wie etwa in der folgenden Übersetzung. Ernst Feil, Religio – Die Geschichte eines neuzeitlichen Grundbegriffs vom Frühchristentum bis zur Reformation, Göttingen 1986.

[58] Aurelius Augustinus, De Vera Religione – Über die wahre Religion. Lateinisch/Deutsch. Übersetzung von Wilhelm Thimme, Stuttgart 1983¹, 2010, 35.

[59] A. a. O. 189 und 191 (kursiv vom Verfasser).

[60] Darin stimmt er mit Röm. 1 und 2 überein.

daher wird von hier aus eine Begründung der Möglichkeit des Heils der Ahnen so gut wie unmöglich, denn die Christologie ist zuerst und vor allem einmal auf den raum-zeitlich spezifizierten Menschen Jesus von Nazareth festgelegt, der nicht so einfach universalisiert werden kann.[61] Wenn Augustin hier jedoch schöpfungstheologisch ansetzt, so ergibt sich für unsere Frage, dass all diejenigen Ahnen das Heil erlangt haben, die den einen Gott anikonisch verehrt hatten. Somit lässt sich von einem schöpfungstheologischen Ansatz her eine wesentlich umfassendere Soteriologie entwickeln, als es von einem christologischen Ansatz her möglich wäre. Der gleiche Sachverhalt findet sich auch bei einigen Missionaren der Neuzeit wieder.

3.2 Die Religionstheologie des P. Matteo Ricci S.J. in China

Mit der iberischen Kolonialisierung setzte auch die Missionierung in anderen Kontinenten ein. Im Unterschied zur Situation im »christlichen Abendland« stellt sich den Neubekehrten auch die Frage nach dem Heil der Vorfahren, worauf die Missionare Antwort geben mussten. An dieser Stelle soll exemplarisch der Jesuitenmissionar P. Matteo Ricci in China vorgestellt werden. In seinem Studium des älteren Konfuzianismus entdeckte er eine natürliche Gotteserkenntnis unter den Chinesen und konnte somit eine Brücke zwischen Christentum und einheimischer Tradition schlagen. Auf diese Weise vermochte er auch die Möglichkeit des Heils der Ahnen in China anzuerkennen.

Ricci verfasste eine apologetisch gehaltene Propädeutik des christlichen Glaubens auf Chinesisch, wodurch er mithilfe rationaler Argumentation Chinesen missionieren wollte. Dieses wohl einflussreichste Werk der China-Mission[62] mit dem Titel *Die wahre Bedeutung des Herrn des Himmels* (*Tianzhu shiyi*) ist in Form eines fiktiven Gesprächs zwischen einem chinesischen Literatus und einem westlichen Gelehrten geschrieben. Im ersten Kapitel beginnt er mit der Erklärung der Schöpfung des Kosmos durch den »Herrn des Himmels« (*Tianzhu*),

---

[61] Dies geschieht freilich in der Logos-Christologie des Johannes-Evangeliums, woraus auch ein Apologet wie Justin der Märtyrer seine Religionstheologie entwickelt hatte. Repp, Der eine Gott und die anderen Götter, 68–75.

[62] Douglas Lancashire/Peter Hu Kuo-chen S.J., Translators Introduction, in: Matteo Ricci S.J., The True Meaning of the Lord of Heaven (T'ien-chu Shih-i). Translated by Douglas Lancashire and Peter Hu Kuo-chen S.J. Ed. by J. Malatesta, Taipei u. a. 1985, 13–15; Gianni Criveller, Preaching Christ in Late Ming China, Taipei 1997, 109.

dem christlich-chinesischen Namen für Gott. Der Literatus hält dem entgegen, sie hätten noch nichts davon gehört. Darauf erwidert der westliche Gesprächspartner:

> This doctrine about the Lord of Heaven is not the doctrine of one man, one household, or one state. All the great nations from the West to the East are versed in it and uphold it. That which had been taught by sages and worthies has been handed down, from creation of heaven and earth, men and all things by the Lord of Heaven, to the present times through canonical writings and in such a manner as to leave not room for doubt.[63]

Die Lehre vom »Herrn des Himmels« ist für Ricci kein partikularer Sachverhalt, der etwa auf das Christentum begrenzt wäre, sondern eine universale Lehre sowohl in zeitlicher wie auch in räumlicher Hinsicht. Sie wurde von Weisen in West und Ost seit der Schöpfung bis jetzt überliefert. Diese Aussage ähnelt Augustins *vera religio*.[64] Aus konfuzianischen Klassikern führte Ricci dann noch Belege für die Universalität dieses Gottesglaubens an. Damit findet sich in der China-Mission ein analoger Vorgang zur griechischen Apologetik der Alten Kirche, welche vorchristlich-griechische Philosophen rezipiert hatte. Der Konfuzianismus stellt für Ricci also ein natürliches Gesetz dar, das durch die christliche Soteriologie in thomistischer Weise vervollkommnet werden sollte.[65] Damit erkannte er die soteriologische Signifikanz des Konfuzianismus an, wie aus folgender Äußerung hervorgeht:

> In keinem der Heidenvölker, um die wir in Europa wissen, hat es weniger der wahren [*religio*] zuwiderlaufende Irrtümer gegeben als im alten China. In der Tat finde ich in ihren Büchern, daß sie stets eine oberste Gottheit verehren, die sie König des Himmels oder Himmel und Erde nennen … Man kann deshalb hoffen, daß *viele ihrer Alten durch das natürliche Gesetz gerettet worden sind* …[66]

Die Verehrung der »einen obersten Gottheit« belegt für Ricci, dass der Konfuzianismus einen Monotheismus darstellt und daher von Christen in China als Voraussetzung genommen werden kann. Darüber hinaus stellt er fest, dass viele chinesische Vorfahren durch das natürliche Gesetz gerettet worden seien. Mit

---

[63] Ricci S.J., The True Meaning of the Lord of Heaven (T'ien-chu Shih-i), 67.
[64] Ricci erkannte die natürliche Gotteskenntnis jedoch nur für den Konfuzianismus an, nicht für Daoismus und Buddhismus.
[65] Vgl. Criveller, Preaching Christ in Late Ming China, 61
[66] Jacques Gernet, Christus kam bis nach China – Eine erste Begegnung und ihr Scheitern, Zürich/München 1984, 32 (kursiv vom Verfasser).

dieser bemerkenswerten Äußerung gibt er eine Antwort auf das missionstheologische Problem des Heils der Ahnen, die vom Evangelium noch nichts gehört hatten. Damit vertritt er eine Art »natürlicher Soteriologie«. Dann entsteht die Frage, inwiefern noch eine Offenbarung der Gnade, also die Mission und die Kirche, notwendig sei. In der Fortsetzung dieser Passage klärte Ricci diesen Sachverhalt dann auf der Basis von Paulus und Thomas von Aquin so, dass die »Natur« korrupt werde, wenn ihr die göttliche Gnade nicht aufhelfe.[67] Er und andere Jesuiten-Missionare betrachteten die christliche Botschaft als Erfüllung des Konfuzianismus nach dem religionstheologischen Modell des Thomas, wonach die Gnade die Natur vervollkommnet. In diesem Kontext ist auch der für die Mission so verhängnisvolle »Ritenstreit« zu verstehen. Während Ricci die in China so grundlegende Ahnenverehrung als »zivilen« Vollzug interpretierte und damit dem Bereich des natürlichen Gesetzes zuordnete (d. h. schöpfungstheologisch auffasste), waren Vertreter einiger Orden sowie der Vatikan in Rom der Überzeugung, die Ahnenverehrung sei ein religiöser Vollzug und müsse abgeschafft werden, denn dies widerspräche der Soteriologie.[68] – Wie schon zuvor können wir auch für diesen Abschnitt die Schlussfolgerung ziehen, dass sich das Heil der Vorfahren vor allem schöpfungstheologisch begründen lässt und nicht christologisch oder soteriologisch im engeren Sinne.

3.3 Die Religionstheologie des Bartholomäus Ziegenbalg in Südindien

Als Beispiel für die protestantische Mission dient hier Bartholomäus Ziegenbalg (1682–1719), der erste Pioniermissionar in Südindien. Er war vom Halle'schen Pietismus geprägt, in Indien schwenkte er später jedoch auf die religionstheologische Linie der Lutherischen Orthodoxie ein.[69] Er machte sich mit der Sprache und Religion der Tamilen bestens vertraut, ähnlich wie Matteo Ricci es mit dem

---

[67] Criveller, Preaching Christ in Late Ming China, 26.

[68] Zum Ritenstreit siehe etwa George Minamiki S.J., The Chinese Rites Controversy from Its Beginnings to Modern Times, Chicago 1985; D. E. Mungello (Hg.), The Chinese Rites Controversy – Its History and Meaning, Nettetal 1994; Repp, Der eine Gott und die anderen Götter, 280–285.

[69] Ein Beleg dafür findet sich bei Arno Lehmann (Hg.), Alte Briefe aus Indien – Unveröffentlichte Briefe von Bartholomäus Ziegenbalg 1706–1719, Berlin 1957, 65. Die Lutherische Orthodoxie hatte wieder auf die Unterscheidung zwischen »natürlicher Kenntnis Gottes« und »offenbarter Erkenntnis Gottes« des Thomas zurückgegriffen und dabei Luthers Kritik an der natürlichen Theologie (bewusst oder unbewusst?) ignoriert. Siehe hierzu Repp, Der eine Gott und die anderen Götter, 210–223. In Ziegenbalgs Begegnung mit den Hindus spielte dieses Begriffspaar eine wichtige Rolle für ihn.

Konfuzianismus getan hatte. So verfasste er u. a. das Buch *Genealogie der mala-barischen Götter* (1713), wodurch er den Menschen zu Hause diese Religion vor-stellen wollte.[70] Hier schrieb er:

> *Es erkennen diese Heiden aus dem Lichte der Natur, daß ein Gott sey*[71], *welche Wahrheit ihnen nicht erst von denen Christen beygebracht wer-den [muss], sondern so fest in ihrem Gemüthe durch das Zeugniß des Gewißens eingepflantzet ist*, daß sie es selbsten [für] die größte Gott-losigkeit halten würden, wenn sie hören solten, wie Leute in der Welt gefunden werden, die kein solches göttliches Wesen *statuiren*, von dem alles herkomme[72] ... Ausserdem, daß diesen Heiden das Zeugniß ihres Gewißens solche Gewißheit von einem göttlichen Wesen *dictiret*, so ist ihnen auch die Betrachtung der *Creaturen* eine Handleitung gewesen, daß sie immer mehr und mehr von solcher Wahrheit sind überzeuget wor-den, und also *ohne dem geoffenbahrten Wort Gottes erkennen können, daß ein Gott sey*, der alles erschaffen habe, und alles *regire*, der da das Böses bestraffe, und das Gute belohne, den man fürchten, lieben, ehren und anbeten müße.[73]

Nach Ziegenbalg erkennen die Heiden die Wahrheit des *einen* Gottes durch das natürliche Licht aus der Betrachtung der Schöpfung und im Gewissen, also ohne die christliche Mission. Seine Ausführung beruht auf Rm. 1,19f. und 2,14f. sowie deren Rezeption seit Thomas und der Lutherischen Orthodoxie.[74] Solch eine Äu-ßerung impliziert auch eine Relativierung der Mission. Dann schrieb er:

> Solche aus dem Lichte der Natur erkannte Wahrheit ist bey ihnen keine neue, sondern gantz alte Sache, wie sie denn Bücher unter sich haben, die mehr als 2000 Jahr alt seyn sollen, worauf sie sich in dieser Sache gründen, und darbey ihre *Religion* [für] die aller älteste ausgeben, als welche auch nicht eben lange nach der Sünd-Fluth ihren Anfang mag genommen haben.[75]

---

[70] Die Halle'schen Pietisten verhinderten allerdings die Publikation dieses und anderer wichtiger religions-wissenschaftlicher Manuskripte Ziegenbalgs. »Die Genealogie der malabarischen Götter« (1713) etwa erschien erst 1926.

[71] Gegenüber dem Polytheismus in Indien betonte Ziegenbalg später im Text den Monotheismus:»Und ob sie gleich viele Götter verehren, so geben sie doch vor, daß alle solche Götter von dem eintzigen göttl. Wesen ursprünglich herkommen waren, und in selbiges auch wiederum einkehren würden, also, daß unter allen Göttern nicht mehr als nur das eintzige göttliche Wesen verehret würde ...«; Daniel Jeyaraj (Hg.), Bartholomäus Ziegenbalgs Genealogie der malabarischen Götter. Edition der Originalfassung von 1713 mit Einleitung, Analyse und Glossar, Halle 2003, 38.

[72] Ziegenbalg meinte damit den Atheismus in Europa.

[73] Jeyaraj, Bartholomäus Ziegenbalgs Genealogie der malabarischen Götter, 37; kursiv in den Passagen vom Verfasser.

[74] Repp, Der eine Gott und die anderen Götter, 288, 323.

Wenn die Inder die Wahrheit aus dem natürlichen Licht bald nach der Sintflut erkannt haben, bedeutet dies auch, dass ihre Gotteserkenntnis wesentlich älter wäre als die Offenbarungen durch Mose und Christus. Damit hätte Ziegenbalg eine Antwort auf die Frage nach dem Heil der Vorfahren aus dem indischen Kontext heraus gegeben.

4. Einige Konklusionen

Wir waren vom Befund im Neuen Testament und im Apostolischen Glaubensbekenntnis ausgegangen, wonach die Frage nach dem Heil der Vorfahren zu Beginn des Christentums praktisch durch die Vikariatstaufe und theologisch bzw. christologisch durch die Lehre von Christi Predigt für die Verstorbenen im Hades beantwortet wurde.

In einer *ersten* Problemanzeige der Gegenwart hatten wir uns vor Augen geführt, dass die Ahnenverehrung zwar eine ganz zentrale und grundlegende Rolle in afrikanischen und asiatischen Kulturen spielt, dass sie aber von den Missionaren i. d. R. als Götzendienst und dergleichen abgeurteilt wurde und sie daher in der Folge nur außerhalb der Missionskirchen meist im privaten Bereich weiter praktiziert werden konnte. Es gibt theoretische Versuche zur Überwindung dieser Spaltung etwa in der Ahnen-Christologie, die von einigen afrikanischen Theologen entwickelt wurden. Hierbei bleibt allerdings die Frage bestehen, ob sie in der Praxis der afrikanischen Christen wirklich auch ankommt. Die praktisch-theologischen Antworten auf die Frage des Heils der Ahnen finden sich offenbar nur in den indigenen Kirchen vieler Länder Afrikas und auch Asiens, wie etwa in Japan. Sie vermögen es, die religiöse zweifache Loyalität oder die Doppel-Spurigkeit in den Missionskirchen wirklich zu überwinden.

In einem *zweiten* Schritt hatten wir die Neuapostolische Kirche behandelt, die sich u. a. an der Frage der Taufe für Tote von protestantischen Kirchen im Europa des 19. Jahrhunderts getrennt hatte. Dies kann als eine Parallelerscheinung zu den einheimischen Kirchen Afrikas und Asiens betrachtet werden, die sich ebenso auch in der Frage des Heils der Ahnen von den Missionskirchen abgesetzt hatten. Die missionswissenschaftliche Perspektive lässt die Etablierung der NAK im 19. Jahrhundert wiederum in neuem Licht erscheinen und befreit sie so

---

[75] Jeyaraj, Bartholomäus Ziegenbalgs Genealogie der malabarischen Götter, 37f.

vom Label einer »Sekte«. Die erstaunlichen Missionserfolge der NAK in Afrika und Asien zwischen ca. 1970 und 2000 legen nun die Vermutung nahe, dass ihre theologische Begründung und Praxis der Vikariatstaufe ein wesentlicher Faktor für diese Entwicklungen waren. Da dies jedoch nur als Hypothese formuliert werden kann, muss hier das Desiderat einer genauen missionswissenschaftlichen Untersuchung explizit genannt werden.

Der *dritte* Schritt bestand in einem historischen Exkurs über die Religionstheologien von Augustinus, Ricci und Ziegenbalg, welche wie Paulus in Röm. 1 und 2 schöpfungstheologisch ansetzten und nicht soteriologisch bzw. christologisch, wie es die meisten protestantischen Missionare des 18. bis 20. Jahrhunderts getan hatten. Während in den Missionskirchen diejenigen Verstorbenen nicht das Heil erlangen, die nicht an Jesus Christus geglaubt hatten und getauft worden waren, gilt nach dem schöpfungstheologischen Ansatz, dass all diejenigen Menschen das Heil erlangt haben, welche den einen Gott anikonisch verehrt haben. Nur diejenigen, die Götzen anbeteten bzw. anbeten, sind davon nach Paulus ausgeschlossen. Augustinus, Ricci und Ziegenbalg folgen dieser Linie im Großen und Ganzen. Qua schöpfungstheologischer Prämisse wird hier die Soteriologie also zeitlich und räumlich wesentlich weiter gefasst, als es von der Christologie des »in keinem anderen ist das Heil …« aus möglich wäre. Die weiteste und wirklich umfassende Antwort auf die Frage nach der Erlösung aller Verstorbenen und Lebenden bietet freilich die Lehre von der »Erlösung aller« (Griechisch: *apokatastasis pantōn*), von der Friedrich Christoph Oetinger gesagt haben soll, sie sei zu glauben, aber nicht zu lehren. Andernfalls, so muss man annehmen, würde sie religiösen und ethischen Libertinismus fördern.

Abschließend muss man auch die konfessionellen Konditionierungen unserer Fragestellung nennen. Die Römisch-Katholische Kirche beantwortet die Frage nach dem Heil der Vorfahren mehr oder minder in Form der Fürbitten für Verstorbene und der Totenmessen. Demgegenüber verwarfen die protestantischen Kirchen seit der Reformation dezidiert die Totenmessen, auch wenn sie die Gebete für Verstorbene bei Bestattungen und bei Abkündigungen verstorbener Gemeindeglieder im Gottesdienst beibehielten. Insgesamt bleibt daher der Eindruck, dass protestantische Theologen und Kirchen bis heute eine ambivalente Einstellung zu dieser Frage eingenommen haben. Als ein jüngeres Beispiel dafür könnte etwa die Jahrestagung der »Lutherischen Liturgischen Konferenz in Bayern« (LLKB) im Juni 2018 in Heilsbronn aufgefasst werden, die dem Thema »Für die Verstorbenen beten!?« gewidmet wurde. Das Ausrufungszeichen soll zuerst die »Möglichkeit« des Gebetes für Verstorbene betonen und das Fragezeichen die »theologischen Bedenken« dagegen.[76] Diese Themenstellung zeigt jedenfalls die Ambivalenz, dass die Frage nach dem Heil der Verstorbenen auch unter Lutherischen Christen heute noch im Abendland virulent ist, dass offenbar aber noch keine eindeutige praktisch-theologische Antwort dafür gefunden ist.

(PD Dr. Martin Repp ist Referent für Dialog mit asiatischen Religionen am *Zentrum Oekumene der EKHN und EKKW* (Frankfurt/M.). Von 1988 bis 2004 arbeitete er am *NCC Center for the Study of Japanese Religions* (Kyoto) und leitete hier das *Interreligious Studies in Japan Program* (ISJP))

ABSTRACT

For new converts from people in traditional societies with strong ancestral ties, the important question arises as of whether their ancestors may be included in the new kind of salvation or not. The present study first illustrates this question through some examples in African countries. Next, the teaching and practice of »vicarious baptism« for the dead in the New Apostolic Church is examined which was one reason to split from Protestant churches in the 19th ce.; however, its mission success in African and Asian countries in recent decades suggests also the hypothesis that this may have been caused (at least partly) by such kind of religious care for the ancestors, whereas the traditional Protestant missions and mission churches neglected this important concern all too long. In a third section a historical survey about some answers to this question is provided, since from the early church on theologians attempted to solve this problem of the salvation of those who died before Christ or who were not reached by the Gospel. They mostly agree on the solution to be found in the (universal) creation theology and not in the (exclusive) Christology or soteriology, as modern Protestant theologians tend to do. In the final section, some systematic conclusions from this study are drawn.

---

[76] Lutherische Liturgische Konferenz in Bayern (LLKB), Für die Verstorbenen beten!?, Prospekt der Jahrestagung 6.–8.7.2018 in Heilsbronn.

Die globale Geschichte der Bethlehemskirche – Der Einfluss Johannes Jänickes auf Karl Gützlaff

Ulrich Schöntube

»Noch erinnere ich mich der Zeit, als ich in meiner Jugend hier zur Kirche eilte. Nach dem unergründlichen Rath Gottes wurde ich auf ganz außerordentliche Weise gerufen, um das Wort Gottes unter den Heiden zu verkünden. Als aber jener Ruf an mich erging, war das Herz noch weit entfernt vom Heil und weilte gern bei weltlichen Dingen ... Und da gefiel es Gott, mich hierher zu bringen, um mit dem edlen und mit tiefem und starken Geiste wirkenden Diener des Herrn, der einst hier auf der Kanzel vor vielen Jahren gestanden, mich bekannt zu machen. ... Seine Worte waren unwiderstehlich, und ich beugte mich vor der Majestät des Sohnes Gottes, schloß mich innig an den Bekehrten und Erlösten des Herrn; er sah in mir ein Werkzeug des Herrn, ich sah in Jänicke den Vater, der mich hinführte zur Quelle des Lebens.«[1]

Es war der 1. Juni 1850. Auf der Kanzel der Berliner Bethlehemskirche stand Karl Gützlaff. Er gedachte während eines Vortrags seines Lehrers Johannes Jänicke, der eine Generation zuvor an dieser Kirche gewirkt hatte. Gützlaff beendete wie auch anderenorts[2] seinen Vortrag mit der Aufsehen erregenden Fürbitte für den chinesischen Kaiser und das chinesische Volk.[3]

Mit dieser Bitte und auch mit dem Begriff »Werkzeug«, mit dem er sich selbst

---

[1] Karl Gützlaff, Erster Vortrag, gehalten in der Böhmischen Kirche am 1. Juni 1850, herausgegeben vom ostpreußischen Verein für China, Berlin 1850, 4f

[2] Im Rückblick auf eine Veranstaltung Treysa 1850 wird berichtet: »Gützlaff ist kein Deutscher mehr, wiewohl freilich auch kein Weltbürger im modernen Sinne, sondern er ist durch und durch mit dem chinesischen Volk verwachsen, alle seine Interessen sind an dieses Volk gebunden, darum sagt er »mein Volk« und betet für seinen Kaiser, man wird zu Thränen gerührt, wenn man hört, mit welcher unaussprechlichen Liebe er das chinesische Volk auf dem Herzen trägt.« (Allgemeine Kirchenzeitung 29 (1850), 664)

[3] Karl Gützlaff, Erster Vortrag, 16: »Blicke gnädig auf das Gebiet in China, auf den jungen Kaiser und seine Minister, und o mächtiger Herr, segne dieses große Volk, dieses zahlreiche Volk aus dem Schatz Deiner Liebe.«

beschrieb, vertrat Gützlaff einen Typ der Missionsarbeit, der tief in die Sprache und Kultur eintauchte. Gützlaff war an einer kulturellen Transformation des Evangeliums interessiert. Meine These ist: Gützlaffs Missionsverständnis leitet sich aus dem spezifischen Milieu einer Berliner Migrantengemeinde des 19. Jahrhunderts her, in der die Missionsideale der Brüdergemeine, der Erweckungsbewegung und eine internationale Verflechtung zusammentraten.

Wir wollen diesem Gedanken nachgehen, indem ich (1) zunächst das Werden der böhmischen Gemeinde in Berlin, das Wirken Johannes Jänickes und seiner Missionsschule beschreibe, (2) das Wirken seines Schülers Karl Gützlaff betrachte, und schließlich (3) beide mit ihren Missionspraktiken ins Verhältnis setze.

1. Die Böhmische Gemeinde in Berlin – Johannes Jänicke

Nach der Schlacht am Weissen Berge 1620 wurden durch den Habsburger Kaiser Ferdinand II. (1578–1637) alle nichtkatholischen Konfessionen verboten. Die einsetzende gegenreformatorische Bewegung in Habsburg und Böhmen führte zu verschiedenen Flüchtlingsströmen nach Polen, nach Sachsen und nach Brandenburg. Zu diesen Migrationsbewegungen, deren Geschichte hier nicht weiter dargestellt werden kann, gehörte auch, dass sich gut 100 Jahre später eine tschechischsprachige Exulantenkolonie mit ca. 600 Seelen vom sächsischen Großhennersdorf nach Preußen aufmachte.[4] Auf Druck des Kaiserlichen Hofes in Wien hatte die sächsische Regierung 1732 die weitere Ansiedlung von böhmischen Protestanten verboten. Die Gruppe der Großhennersdorfer Flüchtlinge zog über Görlitz, Crossen und Cottbus nach Preußen, Richtung Berlin. Der preußische König Friedrich Wilhelm I. (1688–1740) sandte Oberst Christian Reinhold von Derschau (1679–1742) ihnen entgegen. Er berichtete, die Fliehenden seien »halbnackt, abgerissen und größtentheils elend«.[5] Auf Wunsch des Königs sollten sie in kleinen Gruppen einreisen, um größere Aufmerksamkeit der Habsburger und Sachsen zu vermeiden. Da zunächst Wohnraum fehlte, mussten die Böhmischen Flüchtlinge in der Hasenheide kampieren, bis sie schließlich von Bürgern in ihre Wohnungen aufgenommen wurden.

---

[4] Otmar Liegl, 250 Jahre Böhmen in Berlin, in: Mitteilungen des Vereins für die Geschichte Berlins 79/1 (1983), 2–15, hier: 5.
[5] Karl Friedrich Ledderhose, Johann Jänicke, der evangelisch lutherische Prediger an der böhmischen oder Bethlehems-Kirche zu Berlin, Berlin 1863, 20.

Friedrich Wilhelm I. räumte allen Flüchtlingen für den Anfang freies Bürger- und Meisterrecht ein, gewährte ihnen fünf Jahre lang Steuerfreiheit und befreite sie für zwei Jahre von der Zahlung des Mietzinses. Er ließ für die Flüchtlinge in der Berliner Friedrichstadt einfache Häuser bauen. Der Stadtteil bekam im Volksmund den Namen »böhmische Walachei«, da den Berlinern die Sprache fremd war.[6] Weitere Migrantengruppen, die 1737 eintrafen, wurden außerhalb Berlins in Rixdorf angesiedelt. Neben den genannten Privilegien sorgte der König auch für eine geistliche Heimat. Er ließ die Bethlehemskirche erbauen, die 1737 eingeweiht wurde.[7] Innerhalb der Migrantengemeinde, die auf unterschiedlichen Herkunftstraditionen gründete, traten recht bald Spannungen um die Deutung des Abendmahls auf. Als Folge dieses Streits wurde die Gemeinde aufgeteilt in einen lutherischen, einen reformierten Teil und einen Teil der Herrnhuter Brüdergemeine. Jede Gemeinde bekam vom König jeweils einen Pfarrer finanziert. Einer der späteren lutherischen Prediger war Johannes Jänicke, der Lehrer Karl Gützlaffs.

Wer war Johannes Jänicke? – Johannes Jänicke wurde am 6. Juli 1748 als Sohn des eingewanderten Webers Paul Jenik geboren.[8] Er gehörte zu insgesamt fünf Söhnen der Familie. Paul Jenik schickte seine Kinder wie viele andere Böhmen auf eine von Johann Julius Hecker (1707–1768) gestiftete Realschule. Allerdings musste Vater Jenik seinen Sohn Johannes wieder von der Schule nehmen, weil er ihn als Arbeitskraft brauchte. Als Weberlehrling ging Johannes Jänicke 1867 auf Wanderschaft und wandte sich nach Münsterberg (Ziebice) in Schlesien. Nach einer Predigt des dortigen Pfarrers Pokorny (dt. Demuth) hatte Jänicke ein Erweckungserlebnis. Pokorny bildete Johannes Jänicke nebenberuflich zu einer Lehr-

---

[6] Hans Joachim Reichardt, Die Böhmen in Berlin 1732–1982, Berlin 1982, 32.

[7] Aus einer Kabinettsordre vom 12. Oktober 1735 geht hervor, dass der König sowohl den Plan, als auch die Baugestalt der Kirche bestimmt hatte. Sie wurde 1943 von Bomben schwer getroffen. Im Rahmen der Teilung Berlins wurde die Kirche 1962 wegen der Grenzbefestigungsanlagen und aus strategischen Gründen abgetragen. Nach der friedlichen Revolution 1989 wurden im Rahmen von Straßenarbeiten die Fundamente der Kirche freigelegt und in einer Pflasterung sichtbar gemacht. Dies nahm der spanische Künstler Juan Garaizabal 2012 zum Anlass, eine Lichtinstallation zu errichten, die sich an den originalen Maßen der Kirche orientiert. Er bezeichnete sie treffend als »wandering church«.

[8] Über den Böhmischen Prediger veröffentlichte 1863 der evangelische Pfarrer und Dekan zu Mannheim Karl Friedrich Ledderhose (1806–1890) eine Biographie, die durch Gustav Knak (1806–1878) angeregt wurde, der Jänicke in den Ämtern der Bethlehemskirche nach Johannes Goßner (1773–1858) gefolgt war. Karl Friedrich Ledderhose, Johann Jänicke: der evangelische lutherische Prediger an der Böhmischen oder Bethlhemes-Kirche zu Berlin; nach seinem Leben und Wirken dargestellt, Berlin 1863. Die Biographie ist eine primäre Quelle für Johannes Jänicke, da sich Ledderhose auf viele Briefe und Korrespondenzen vor allem mit einem gewissen Schulvorsteher Dräger bezieht, der zu Jänickes Gemeinde gehörte. Dem Buch ist ein Anhang mit Briefen beigegeben, die vermutlich größtenteils verloren gegangen sind.

kraft für seine Schule aus. Jänicke legte 1768 vor dem Konsistorium in Breslau alle Prüfungen des Lehramtes ab und kam als Schulmeister nach Münsterberg zurück. Die Gemeinde konnte ihn allerdings nicht anstellen. Nach weiteren Stationen, unter anderem als Lehrer der Brüdergemeine in Dresden, wurde Jänicke 1774 mit 26 Jahren an der Universität Leipzig angenommen. Drei Jahre studierte er dort und legte 1777 sein Examen ab. Unter dem Eindruck von August Gottlieb Spangenberg (1704–1792), dem Bischof der Brüdergemeine und insbesondere seines in diesem Jahr erschienen Buches »Idea fidei fratrum«, der Glaubenslehre der Brüdergemeine, wandte sich Jänicke nach Barby bei Magdeburg, wo Spangenberg wirkte. Jänicke schloss sich der Brüdergemeine in Barby an und wurde bald als Lehrer an der Schule angestellt. Im Sommer 1779 wurde Jänicke als Prediger nach Rixdorf und zweiter Prediger an die Bethlehemskirche berufen.[9] Ein Jahr später heiratete er Maria Magdalena, geb. Hollberg, die Tochter eines Zinngießermeisters in Potsdam. Aus der Ehe gingen fünf Söhne und vier Töchter hervor, von denen jedoch nur zwei Töchter überlebten.[10]

In seinen ersten Amtsjahren gab Johannes Jänicke eine böhmische Übersetzung des ihm so wichtigen Buches der »Idea fidei fratrum« heraus. Zu seinen Obliegenheiten gehörte natürlich die böhmische Sonntagspredigt. Jänicke richtete noch einen zusätzlichen Frühgottesdienst ein und an jedem Montagabend wiederholte er »seine Predigt vom vorhergehenden Sonntage klar und deutlich.«[11]

Neben seinem diakonischen und seelsorgerlichen Wirken sind zwei Aspekte des Dienstes Jänickes für unseren Zusammenhang besonders hervorzuheben: die Gründung einer Bibel- und Traktatgesellschaft und die Gründung einer Missionsschule.

a) Bibel und Trakatgesellschaft

Im Jahr 1781 sprach der habsburgische Kaiser Joseph II. (1741–1790) in seinem Toleranzedikt unter anderem die allgemeine Duldung der Protestanten in seinem Reich aus.[12] Daraufhin meldeten sich ca. 80.000 Böhmen bei den Gerichten und erklärten, dass sie zum evangelischen Glauben »ihrer Väter« zurückkehren wollten. Doch die meisten besaßen, weil man ihre Bibeln und Gotteshäuser verbrannt

---

[9] Ledderhose, Jänicke, 41.
[10] Henriette Maria Magdalena (geb 1788) ehelichte 1826 Magister Rückert, Jänickes Nachfolger (Ledderhose, Jänicke, 78).
[11] Ledderhose, Jänicke, 45.
[12] Das Toleranzpatent ermöglichte den durch den Westfälischen Frieden anerkannten protestantischen Kirchen (Luth. Ref.) und den Orthodoxen die Religionsausübung.

hatte, keine Bibeln mehr. Auch in den Berliner böhmischen Gemeinden mangelte es an Bibeln. Es wird berichtet, dass eine böhmische Bibel 10 Thaler kostete. Jänicke nahm sich dieses Problems an, in dem er diesen Notstand in der Stadt bekannt machte. Daraufhin stellten, so Ledderhose, Fürst Reuß (1750–1815)[13], die Generäle von Friedrich Wilhelm Erhard von Knobloch (1739–1817) und Gneußen erste Beträge zur Verfügung.[14] Jänicke wandte sich auch an die im Jahr 1804 in London gegründete Bibelgesellschaft, die das Vorhaben unterstützte, eine böhmische Bibel zu drucken. Schließlich gelang es, ein Jahr später eine sogenannte »Biblische Gesellschaft« zu gründen, die König Friedrich Wilhelm III. 1806 bestätigte. Durch sie wurde es möglich, auch ärmeren Untertanen eine deutsche heilige Schrift ganz kostenlos oder billig zukommen zu lassen.[15] 1807 konnte die biblische Gesellschaft einen ersten eigenen Bibeldruck einer böhmischen Bibel initiieren, der mit 3000 Exemplaren schnell vergriffen war.[16] Zwei Jahre später gab die biblische Gesellschaft eine polnische Bibel mit Hilfe der Bibelgesellschaft in Basel heraus. Das Hauptanliegen war jedoch, in Schulen sogenannte Bibeldepots einzurichten, durch die Kinder aus armen Haushalten mit Bibeln versorgt wurden.

Neben der Verbreitung von Bibeln ist Jänickes Beförderung und Verteilung von Traktaten wichtig. Um 1790 hatte Oberforstmeister August Carl Friedrich Freiherr von Schirnding (1753–1812) aus Doberlug Traktate auf eigene Kosten drucken und durch ein eigenes deutschlandweites Netzwerk verbreiten lassen. Durch solche kleinen biblischen Predigten wollte er »Verirrte zurückrufen, Wankende aufrecht erhalten, Bekümmerte trösten, Muthlose erquicken.«[17]

Als von Schirnding 1812 verstarb, überließ er Jänicke ein Depot von 130.000 Traktaten. Schon vor dem Tod von Schirndings hatte Jänicke einen »Verein für christliche Erbauungsschriften« gegründet, dem der Bestand nun zur Verfügung gestellt wurde. Später bestätigte der König den Verein, der noch lange Zeit als »Hauptverein für christliche Erbauungsschriften in den Preußischen Staaten« existierte.

---

[13] Es handelt sich m. E. um Graf Heinrich XXXIX von Reuß, Harthe, Nieder-Klemzig königlich preußischer Oberamts- Regierungsrat zu Brieg.
[14] Ledderhose, Jänicke, 71. Der von Ledderhose genannte General Gneußen ließ sich nicht identifizieren.
[15] Cabinetsordre vom 11. Januar 1806.
[16] Ledderhose, Jänicke, 72.
[17] Ebd. 76.

b) Missionsschule

Jener August Carl Friedrich Freiherr von Schirnding ist nun für die Gründung der ersten deutschen Missionsschule von großer Bedeutung. Johannes Jänicke gab über die Entstehung der Schule in einem Brief von 1820 Auskunft, den er an einen Freund in Basel schrieb.[18] Von Schirnding habe, so Jänicke, nachdem er sich in der Verbreitung von Traktatschriften eingebracht habe, nun

> »...sein Augenmerck auf seine Miterlösten jenseits des Weltmeeres gerichtet. Seinem Heilande, von dem er im lebendigen Glauben wusste, dass außer Ihm kein Heil sei, glaubte er seine Gegenliebe nicht besser beweisen zu können, als wenn er so viel ihm möglich sei, dazu beiträge, dass jenes Reich des Heidenthums durch die Verkündigung des Evangeliums von unserem Herrn Jesu verringert und zerstört werde. Dieser Entschluß wurde, nachdem wir über die Art und Weise des Beginnens Briefe gewechselt hatten, zu Anfange des Jahres 1800 Thatsache. Im Vertrauen darauf, dass unser alles regierender Herr Christus ferner Lauf und Bahn machen würde, wurde also unter Gebet und Flehen mit sieben gottesfürchtigen Jünglingen in obgedachten Jahre zu jenem großen Zwecke hier unter meiner Leitung der Anfang gemacht.«[19]

Jänicke war diesem Unternehmen schon rein biographisch zugeneigt. Denn sein jüngerer Bruder Joseph Daniel hatte sich nach dem Tod der Eltern 1785 nach Halle begeben und wurde dort durch den damaligen Direktor der Franckeschen Stiftungen für einen Dienst in Ostindien angeworben. Bereits drei Jahre später finden wir Joseph Daniel Jänicke als Missionsgehilfen des Missionars Schwarz im indischen Tanschauer (heute Thanjavur). Ab 1791 arbeitete er in Palmkotta (Palamkotta/ Tamil Nadu) und Tinnewelly (Tirunelveli/ Tamil Nadu). Später wirkte er noch einmal an Schwarz' Seite in Tanschauer, wo er am 10. Mai 1800 verstarb.

Genau in diesem Jahr begann die Eröffnung einer Missionsschule in Berlin durch Johannes Jänicke. Von Schirnding war, wie wir in Jänickes Auskunft hörten, zunächst Inspirator und vor allem auch der Hauptsponsor, eine Missionsschule an der Bethlehemskirche zu errichten. Aber wer war August Carl Friedrich Freiherr von Schirnding?

Von Schirnding[20] war »Kurfürstlich Sächsischer Kammerjunker, Oberforst-

---

[18] Ebd. 95f.
[19] Ebd. 96.
[20] Werner Raup, Art. Schirnding, August Carl Friedrich Freiherr von, in: BBKL IX (1995), 227–229; RGG4, Bd. 7 (2004), p. 897; Neue Deutsche Biographie Bd. 23, 11f.

und Wildmeister« und in Doberlug ansässig. Er hatte, so berichtet ein Nachruf auf ihn[21], ein Erweckungserlebnis beim Kartenspiel. Er wandte sich der Herrnhutischen Frömmigkeit zu und wurde Mitglied in der Deutschen Christenthumsgesellschaft von Johann August Urlsperger (1728–1806).[22] Er war mit Johann Heinrich Jung-Stilling (1740–1817) befreundet. Aufschlussreich ist ein Schreiben des Freiherrn von Schirnding an Rev. Thomas Haweis (1734–1820) aus dem Jahr 1794, einem der Gründungsväter der London Mission Society, die sich zu der Zeit in Gründung befand. Der Brief wurde in dem Evangelical Magazine mit einer Notiz an das britische Volk abgedruckt, die der Forstmeister zuerst an den Englischen König adressiert hatte. Darin schreibt von Schirnding, er habe in einer Hamburger Gazette von einer Versammlung von mehr als 100 Pastoren gelesen, die eine Gesellschaft für die Mission in Indien, Afrika und in der Südsee gegründet hätten. Er sei außer sich vor Freude, denn für dieselben Regionen versuche er ebenfalls Missionare zu gewinnen. Die Finsternis der Heidenwelt sei ja so groß und man arbeite unter demselben Herrn, sodass es gut wäre:

> »we assist each other - It is in order hereunder I take the liberty of intreating you Sir, to communicate the plan you pursuing, which would be of the greatest service to me. I wish also to know when your first missionaries hope to sail on their voyage; also if you can find me a captain and seaman truly religious. Can I hire a ship, or purchase, and at what rate ...«[23]

Dieser erste Kontakt wurde begeistert in England aufgenommen und die neu gegründete London Mission Society erklärte Freiherrn von Schirnding 1798 kurzerhand zu ihrem »Director for Germany«.[24]

Von Schirnding fand in Johannes Jänicke einen Pfarrer, mit dem er das Vorhaben einer Missionsschule umsetzen konnte. So begann die Missionsschule am 1. Februar 1850 mit den Schülern Daniel Schreyvogel (1777–1840)[25], Abraham

---

[21] Hermann Petrich, Ein vergessener Missionsdirektor [sc. August Carl Friedrich von Schirnding], 1897 (Neue Missionsschriften, Nr. 53).

[22] Die Deutsche Christentumsgesellschaft war ein Sammelbecken bibelfrommer Kreise und Keimzelle der Erweckungsbewegung. Sie gaben im Jahr 1786 die Monatsschrift Sammlungen für Liebhaber christlicher Wahrheit und Gottseligkeit heraus.

[23] Evangelical Magazine 4, Aug 1796, 311
http://hdl.handle.net/2027/hvd.ah6lrt?urlappend=%3Bseq=331 (15.9.2018).

[24] so in BBKL.

[25] Schreyvogel wurde Missionar der Dänisch-Halleschen Mission in Tiruchirapalli (Tamil Nadu) (Neuer Nekrolog der Deutschen 18/1840/2, 1228).

Albrecht (1773–1810)[26], Johann David Palm[27], Johann Gottfried Ulbricht (gest. 1821)[28], Peter Hartwig (gest. 1815)[29], Johann Gottlob Langner.

Herr von Schirnding sorgte für Kost und Logis der Zöglinge, während Jänicke den Unterricht organisierte. Doch nach 10 Monaten drohte das Unternehmen bereits zu scheitern. Denn Herr von Schirnding »erlitt plötzlich einen Verlust von 40.000 Thalern, so dass er mit einem Male außer Stand gesetzt war, das Werk der Mission, wie bisher zu unterstützen.«[30]

Die Gründung der Missionsschule war allerdings in den Kreisen der Erweckungsbewegung offenbar mit großer Aufmerksamkeit verfolgt worden. So trafen Spenden ein. Die erste Rettung kam aus Ostfriesland, von Pastor Georg Siegmund Strake (1755–1814) aus Hatshausen, der Namens des ersten Missionshilfsvereins »Vom Senfkorn« 15 Taler sandte. Die ersten 20 Jahre finanzierte sich die Missionsschule mit privaten Spenden aus England und Deutschland. Schließlich wurde das Missionsseminar 1821 vom König anerkannt. Hintergrund war, dass Karl Rhenius (1790–1838)[31], ein Missionar aus der Schule Jänickes, der inzwischen in Indien tätig war, dem König über seine Missionsfortschritte in einem Brief berichtet hatte. Der erstaunte König stiftete unter dem Eindruck des Erfolges jährlich 500 Taler »jedoch mit der Bedingung, dass von dieser königlichen Unterstützung immer zwei Jünglinge mit dem, was ihnen zur Nahrung und Kleidung nöthig ist, versorgt werden sollen.«[32] Der erste königliche Stipendiat sollte

---

[26] Abraham Albrecht wirkte mit seinem Bruder Christian in Warmbad in Namibia (Tilman Dedering, Hate the Old and Follow the New. Khoekhoe and Missionaries in Early Nineteenth-Century Namibia, Stuttgart 1997, 71–73).

[27] Johann David Palm wurde 1805 von der London Mission Society nach Ceylon ausgesandt. Etwas später wird er Prediger in einer Holländischen Gemeinde in Colombo (J.W. Balding, One Hundred Years in Ceylon or The Centenary Volume of the Church Mission Society in Ceylon 1818–1918, Madras 1918, 35).

[28] Johann Gottfried Ulbricht wurde durch die London Mission Society nach Bethelsdorp nach Südafrika entsandt (Werner Schmidt, Deutsche Wanderung nach Südafrika, Berlin 1955, 32).

[29] Peter Hartwig wurde 1804 von der Church Mission Society nach Sierra Leone entsandt unter anderem mit der Begründung, dass die Bekehrung der Afrikaner ihre Herabwürdigung und das Unrecht der Sklaverei aufdecke. Judith Becker, Europa in der Mission Begründung, Strategien, Europäisierung in der evangelischen Mission im 19. Jahrhundert, in: Themenportal Europäische Geschichte, 2016, www.europa.clio-online.de/essay/id/artikel-3806 (15.09.2018). Pikanterweise quittierte jener Peter Hartwig jedoch den Missionsdienst und wandte sich in der Region Susu dem Sklavenhandel zu (Lamin Sanneh, Christianity in Africa, in: Stewart Brown (Hg.), The Cambridge History of Christianity, Vol. VII, Enlightenment, Reawakening and Revolution 1660–1815, Cambridge 2006, 429).

[30] Ledderhose; Jänicke, 97.

[31] Karl Rhenius war der Sohn eines preußischen Offiziers und wurde offenbar für die LMS 1813 nach Madras in Indien gesandt. Im Jahr 1818 schrieb er an König Friedrich Wilhelm III. zu dessen großem Erstaunen über den Erfolg seiner missionarischen Arbeit.

[32] Ledderhose, Jänicke, 100.

Karl Gützlaff werden. Doch zunächst sei ein Blick auf den Lehrplan des Seminars gewandt. Gemäß der Zeit und dem Umfeld der Schule sollten die Schüler recht erweckt sein. Weiterhin »erhielten sie zuerst, nebst dem leiblichen Unterhalt, Unterricht in den Realien, in der englischen Sprache; dann folgten die Lateinische Sprache und die Grundsprachen der heiligen Schrift. Späterhin erhielten die Schüler Anleitung in der biblischen Dogmatik und im Predigtausarbeiten, in der Musik und im Zeichnen.«[33] Die Schüler waren größtenteils Handwerker.

Primär ging es Jänicke gemäß seinem parallelen Engagement für die biblische Gesellschaft, um die Vermittlung der biblischen Grundwahrheiten. So ist von ihm der Satz überliefert: »es ist an der Bibel genug; Missionare sollen den Heiden die Bibel bringen und nichts weiter, die reine Schriftlehre thuts.«[34] Jänicke übte mit ihnen das Predigen, spontane Ansprachen im Betsaal und deutsche Predigten in der Bethlehemskirche am Samstag. Jänicke soll dabei mit dem Konzept unter der Kanzel gesessen haben und »wollte es nicht gehen, so half er liebend nach und hielt wohl auch das Schlußgebet.«[35]

Bis zu Jänickes Tod 1826 gingen aus seiner Missionsschule 80 Missionare hervor, die größtenteils über die London Mission Society ausgesandt wurden.[36]

2. Karl Friedrich August Gützlaff und seine Mission

2.1. Gützlaffs Einrtritt in die Missionsschule und seine missionarischen Tätigkeiten

Über Karl Gützlaff ist einiges publiziert worden, so dass hier für unseren Zusammenhang, lediglich genauer auf die Frühzeit geblickt werden muss.

Karl Friedrich August Gützlaff wurde in Pyritz an der pommersch-neumärkichen Grenze 1803 als Sohn des Schneidermeisters Johann Jakob Gützlaff (1767–1825) geboren. Er hatte keine glückliche Kindheit. Seine Mutter starb 1807, als

---

[33] Ebd. 96.
[34] Ebd. 101.
[35] Ebd. 102.
[36] Inspektor Johann Christian Wallmann (1811–1865) hatte über das Wirken der Jänicke-Schüler die erste Übersicht erstellt, die durch Ledderhoses Aufzeichnungen ergänzt wurde: Johann Christian Wallmann, Jänickes Missionare und vier Uebersichten über das gesamte Missionswesen der Gegenwart, Der Missionsfreund Jhg.13, 1858. Wallmann wurde durch Tholuck beeinflusst und war Hauslehrer bei Ernst Ludwig von Gerlach. Beide gehören zu dem Gründungskomitee der späteren Berliner Mission (Johannes Wallmann, Von der Erweckung zum konfessionellen Luthertum, ZTHK (108) 2011, 431–471).

Gützlaff vier Jahre alt war. Sein Vater heiratete ein zweites und drittes Mal und »zwar eine Frau, die den Knaben 8 Jahre lang mit der größten Härte behandelte ... starre Schwermut trat an die Stelle seiner frühen Munterkeit.«[37] Nach der Schule machte Gützlaff eine Lehre bei einem Sattlermeister in Stettin. Bei einem Besuch Königs Friedrich Wilhelm III. konnte Gützlaff ein Huldigungsgedicht auf den König vortragen, das glücklicherweise erhalten geblieben ist.[38] Der erstaunte König vergab daraufhin an Gützlaff eines der Stipendien für die Missionsschule Jänickes, die er zuvor als Bedingung für seine großzügige Unterstützung der Schule festgelegt hatte.[39] Gützlaff war damit der erste königliche Stipendiat. So kam Gützlaff nach Berlin. Jänicke vermisste zunächst bei seinem Zögling die persönliche Erweckung, wie er rückblickend schrieb:

> »Was den geliebten Gützlaff betrifft, so war mir etwas bedenklich, als wir aus den Schreiben seiner Excellenz des Herrn Freiherrn v. Altenstein ersehen hatten, dass wir ihn aufnehmen sollten, indem er uns ganz in Absicht seiner Gesinnung unbekannt war. Allein auch hier haben wir erfahren, daß unser GOtt und HEiland sich als Erbarmer, als Erretter an ihm verherrlicht hat. Er hat in seiner Seele Buße und nun auch Glauben gewirkt und Gützlaff betet ihn jetzt an, den er in Stettin nicht als seinen Erlöser und HEiland kannte.«[40]

Auch sein Stubengenosse J.C. Reichardt, der Gützlaffs Ankunft in Berlin aus nächster Nähe beschreibt, bemerkte, dass Gützlaff »die eigentliche christliche Erkenntnis und Erfahrung fehlte. ... Allein sogar nur über diesen Punkt zu sprechen, schien Gützlaff Zeitverlust«.[41] Allerdings beschreibt Reichardt später eine Bekehrung Gützlaffs, die sich in einer dramatischen Nacht ereignete.

Die weitere Entwicklung ist bekannt: Von 1823 bis 1826 setzte Gützlaff seine Ausbildung in Rotterdam fort und wurde von der Nederlandse Zendelings Ge-

---

[37] Karl Gützlaffs Leben und Heimgang, Hauptverein für christliche Erbauungsschriften in den preußischen Staaten, No. 162, Berlin 1851, 1.
[38] Huldigungsgedicht von Herrmann Heidenreich und Karl Gützlaff auf König Friedrich Wilhelm III. von Preußen anlässlich eines Besuchs in Stettin (1820), Abschrift von Gerhard Tiedemann, in: Thoralf Klein/ Reinhard Zöllner: Karl Gützlaff (1803–1851) und das Christentum in Ostasien. Ein Missionar zwischen den Kulturen, Nettetal 2005, 229–231.
[39] Eine Förderung eines königlichen Stipendiums aufgrund eines Gedichts auf den König zu erhalten, scheint in der Erweckungszeit üblich gewesen zu sein, So erging es ebenfalls dem Stettiner Johann Georg Seegemund, der später Prediger wurde (Walter Wendland, Studien zur Erweckungsbewegung in Berlin (1810–1830), in Jahrbuch für Brandenburgische Kirchengeschichte, 19 (1924), 5 und 32 ff.).
[40] Brief an H.P. Kohl vom 13. Januar 1822, abgedruckt bei Ledderhose, Jänicke, 206.
[41] J.C. Reichardt, Gützlaffs Eintritt in die Missionslaufbahn und seine Erweckung, in: Evangelisches Missions-Magazin 3 (1859), 455–459.

nootschap (NZG) nach Niederländisch Indien (heute Indonesien) entsandt. Zunächst war er in Batavia, dann wurde er 1828 nach Bangkok versetzt. Hier lernte er den englischen Missionar Walter Henry Medhurst (1796–1857) kennen, der ihn für die Missionsarbeit unter den Chinesen begeisterte.

Gützlaff ließ sich in Macao nieder und unternahm von 1831–1833 mehrere Erkundungsreisen entlang der chinesischen Küste. Dabei hielt er sich auch vom 17. Juli bis 18. August 1832 in Korea auf, zunächst in der Nähe der Inselgruppe Paeknyin-do vor der Westküste der Provinz Hwanghae, schließlich auf der Insel Godaedo. Ziel der Reise mit dem Schiff der Lord Amherst war, politische und Handelsbeziehungen nach Korea zu knüpfen. Während die Petition zum König unterwegs war und Gützlaff auf eine Antwort wartete, nutzte er die Gelegenheit, die Sitten und Bräuche vor Ort zu studieren. Seine Beobachtungen stellte er in seinen Reiseberichten dar. Über die Begegnung ist, wie Silvia Bräsel sehr erhellend publizierte, auch eine koreanische Gegenüberlieferung erhalten. Einhellig wird die friedliche Erkundung, die interessierte Kontaktaufnahme, das gemeinsame Essen und das Bemühen um die Sprache erwähnt und auch, dass Gützlaff die Kartoffel hinterlassen hat.[42] Von koreanischer Seite wird der Aufenthalt Gützlaffs sehr geschätzt, da er als der erste protestantische Missionar gilt und überdies mit friedlichen Absichten kam.[43] Die Korea- Mission endete jedoch, als das Königshaus wahrscheinlich aus Angst vor der chinesischen Großmacht, der sie tributpflichtig war, weitere Beziehungen ablehnte.[44] So reiste Gützlaff weiter.

Er arbeitete als Dolmetscher verschiedener Handelsgesellschaften, unter anderem der British East India Companie. Er nutzte die Reisen, um biblische Traktate zu verbreiten. Während des ersten Opiumkrieges gegen China (1840–1842) war er Chinesischer Sekretär beim Britischen Gouverneur in Hongkong und wirkte an den Vertragsverhandlungen von Nanking mit. Seine Beteiligung am Opiumhandel und am Opiumkrieg brachte ihm in der Literatur rückblickend ein fragwürdiges Bild ein. So wird erzählt: »Mehrfach segelte er auf Opiumschiffen an der Küste entlang und verteilte Backbord christliche Traktate, während Steuerbord Opium verkauft wurde.«[45] Gerhard Tiedemann, ein ausgewiesener Kenner der chinesischen Gegenüberlieferung, betont hingegen, dass die »Verwick-

[42] Herman Schlyter, Der China-Missionar Karl Gützlaff und seine Heimatbasis, Gleerup 1956, 19.
[43] Lak-Geoon George Paik, The History of Protestant Missions in Korea 1832–1910, Seoul 1978, 43–47.
[44] Silvia Bräsel, Missionar aus Überzeugung, Entdecker mit Marketingtalent: Gützlaff – Der erste Deutsche in Korea, in: Thoralf Klein/ Reinhard Zöllner, Karl Gützlaff, 60–75, insbesondere 68f.
[45] Bernd Eberstein, Hamburg – China: Geschichte einer Partnerschaft, Hamburg 1988, 150.

lung von Mission und Handel sowie Politik an sich nichts Außergewöhnliches«
war.[46] Die aus heutiger Sicht sicher fragwürdige »Verwicklung« erschwert es
meines Erachtens, die Missionsmethoden Gützlaffs in ihrem historischen Kontext zu verstehen und auch zu würdigen. Denn die »Verwicklung« geht bis hin zu
ambivalenten Äußerungen Gützlaffs selbst. Denn während des Opiumkrieges
schreibt er einerseits, er »verabscheue von ganzem Herzen diesen gegenwärtigen
Krieg«[47]. Andererseits bezeichnet er die chinesischen Truppen in seinen Aufzeichnungen zur Schlacht bei Ningpo als »Abschaum der Menschheit«. Diese
Worte erstaunen, angesichts der »ursprünglichen Liebe Gützlaffs zu chinesischer
Landeskunde und Kultur«, so Ulrich Dehn.[48]

Jenseits der Urteile seiner Zeitgenossen und jenseits heutiger Einschätzungen
lässt sich also diese Ambivalenz in Gützlaff selbst finden. – Was aber war
Gützlaffs Mission und wie lässt sie sich in Horizont seiner Zeit einordnen?

2.2. Missionsmethoden Gützlaffs

Als Gützlaff Ende 1831 von seiner ersten Reise in die Seeprovinzen zurück-
kehrte, landete er in Macao und wohnte bei dem Missionar Robert Morrison
(1782–1834). Morrison beschrieb in einem Brief die Ankunft Gützlaffs, die für
seine Begriffe ungewöhnlich war:

> »On the 12th of Decr. about 8 o' clock at night Mr Gützlaff made his ap-
> pearance in a Chinese dress at my house. He was dripping and shivering
> with cold, having fallen into sea in landing from a Native.[49]

Das typische Bild Gützlaffs im chinesischen Habit, mit dem er auch bei seiner
Reise nach Europa Aufsehen erregte, war Teil seines missionarischen Selbstver-

---

[46] Gerhard Tiedemann, Die Missionsmethoden Gützlaffs, 221.
[47] Zitiert nach Peter Merker: Gützlaffs Rolle im Opiumkrieg, in: Thoralf Klein und Reinhard Zöllner, Karl
Gützlaff (1803–1851) und das Christentum in Ostasien, Sankt Augustin, 2005, 47: »Der Gedanke, dass
der Weg des Evangeliums mit Spießen und Kanonen muß geöffnet werden, ist schrecklich, und daher
verabscheue ich von ganzem Herzen diesen gegenwärtigen Krieg.«
[48] Ulrich Dehn, Der Missionar und Gelehrte Karl Gützlaff im Kontext der Geschichte Ostasiens, ZMiss
1/2015, 94.
[49] Zitiert nach Tiedemann, Die Missionsmethoden Gützlaffs, 211. Morrisson an W.A. Haney Kanton
22.12.1831, LMS Süd-China, Karton 3, Mappe 1. Umschlag B, Council for world Mission Archive,
School of Oriental and African Studies. Eine deutsche Übersetzung findet sich in: Nachrichten aus dem
Reiche Gottes 16 (1832), 368f.

ständnisses. Es wird durch eine Beschreibung des Missionars Karl Vogel vervollständigt, der Gützlaff besuchte. Vogel nimmt einen großen Unterschied zu den so genannten Gesellschaftsmissionaren wahr, also jenen, die von den großen Organisationen wie der Baseler Mission oder London Mission Society ausgesandt worden waren.

Die Gesellschaftsmissionare »verzehren an einem Tage wohl mehr ..., als jene (ihre Mitarbeiter) oft in einem Monate, ... und jene sind zum Teil Gelehrte, diese von Haus aus Schuster, Schneider, Tischler etc. ... Kommen sie auf ihre Station, so sind sie die gnädigen Herren, die einen Schwarm von Dienern um sich haben müssen, die feinsten Speisen genießen und die besten Kleider tragen. ... Jene wollen die Chinesen und alle Welt wo möglich mit Leib und Seele englisch machen, Gützlaff sucht selbst und wünscht von den Missionaren, dass sie so weit als möglich den Chinesen ein Chinese werden. Daher ist mir Gützlaffs Wunsch von je her natürlich gewesen, dass sie in Kleidung, Speise und Sitte den Chinesen sich gleich zu stellen suchen, was jene wieder zu bestreiten sich zu bemühen.«[50]

Das biblische Motiv, »den Chinesen ein Chinese werden« (cf. 1. Kor 9,20) charakterisiert Gützlaffs Missionsverständnis als einen Typ der sogenannten Akkommodationsmission. Darunter ist die ganzheitliche Transformation des Evangeliums in eine andere Kultur zu verstehen. Gützlaff deutete Mission nicht als eine Übertragung der eigenen Kultur in einen anderen Kontext. Sondern es ging ihm um eine Transformation des Evangeliums in eine andere Kultur hinein mit Hilfe der Bibelübersetzung, des Traktatwesens etc. Für diesen Transformationsprozess sieht sich Gützlaff als »Werkzeug« Gottes, das Gott selbst führt, um seine Mission zu vollenden. Dies bestätigt ein Brief, den Gützlaff Christian Gottlob Barth (1799–1862) in Calw schrieb. Darin heißt es:

> »Die große Kunst, welche wir zu lernen haben, ist: uns zu Werkzeugen von der Hand des Herrn bereiten zu lassen, ohne eigene Weisheit, Plan, Kraft und Treiben, ganz seinen Winken zu folgen. Bei einem solchen Laufe ist Seligkeit und gewisser Erfolg, alles andere ist Unsicherheit und Verstimmung.«

Gützlaff war mit dieser Idee der kulturellen Transformation des Evangeliums seiner Zeit weit voraus. Dennoch hatte diese Akkomodationsmission bedeutende wenn auch singuläre Vorläufer besonders im chinesischen Kontext. Dies wurde durch Ulrich Dehn besonders herausgearbeitet.[51]

---

[50] Mittheilungen aus des Missionars Karl Vogel Tagebuch, 11. März 1850, 34 f.

Die ersten Christen in China gehörten der nestorianischen Kirche an, die ihre Blütezeit im 7.–9. Jahrhundert erlebte. Die ersten jesuitischen Chinamissionare im 16. Jahrhundert Michele Ruggeri (1543–1607) und Matteo Ricci (1552–1610) vertraten die Ansicht, Mission nicht im Sinne einer kulturellen Konfrontation zu sehen. Ricci beispielsweise studierte konfuzianische Texte, lernte sie auswendig, kleidete sich wie später Gützlaff chinesisch und wurde von den chinesischen Gelehrten als einer der ihren anerkannt. Er versuchte, religiöse Lehren des Konfuzianismus christlich zu interpretieren. In einer späteren Phase führten die Epigonen Riccis und Ruggieris, Joachim Bouvet (1656–1730) und Jean Francois Foucquet (1665–1741), die Akkomodation weiter, indem sie in den alten daoistischen und konfuzianischen Schriften Bestandteile der christlichen Lehre zu entdecken meinten und daraus eine besondere Nähe der chinesischen Kultur zum Christentum folgerten. Wenngleich Gützlaff diesen als Figurismus bezeichneten philosophischen Weg nicht beschritt, so ist er doch Nährboden für seinen Inkulturationsversuch. Anders jedoch als die jesuitische Mission, die einen missionarischen Zugang über das Studium von philosophischen und religiösen Schriften suchte und an der Spitze der Gesellschaft bei Gelehrten und Beamten ansetzte, orientierte sich Gützlaff bei seinem Versuch an den einfachen Menschen. Er versuchte Mission als Transformation durch folgende Maßnahmen umzusetzen:

1. Gützlaff eignete sich die Sprache und die Kultur an. In dem eingangs erwähnten Vortrag, den Gützlaff am 1. Juni 1850 in der Bethlehemkirche hielt, beschrieb er sehr eindrücklich, wie er die chinesische Sprache und Kultur erlernte.

   »Da baute ich mir ein Haus von Brettern, nahm drei oder vier Chinesen, die lahm waren, und durchaus nicht gehen konnten, und legte sie unter die Bretter und da es unmöglich war, dass sie weglaufen konnten, so waren sie den ganzen Tag bei mir, und redeten ihre Landessprache, und so wurde ich mit ihrer Sprache bekannt.«[52]

   Gützlaff beherrschte am Ende mehrere chinesische Dialekte wie Mandarin, Kantonesisch oder Fujian. Er übersetzte die Bibel ins Siamesische, um das Evangelium zugänglich zu machen. Er schrieb christliche Traktate in diesen

---

[51] Dehn, Gützlaff, 85.
[52] Karl Gützlaff, Vorträge in Berlin gehalten, herausgegeben von dem ostpreußischen Verein für China, Berlin 850, 6.

Sprachen, arbeitete an weiteren Bibelübersetzungen und gab ein chinesisches und ein japanisches Wörterbuch heraus.

2. Gützlaff schrieb eine große Zahl an Traktaten, die über Schiffe und Handelswege verbreitet wurden, zum Teil durch ihn selbst, zum Teil durch seine Mitarbeiter. Eine Übersicht der erhaltenen Traktatschriften gibt es meines Wissens bisher nicht.

3. Gützlaff reiste. Gützlaff war an der Verkündigung des Evangeliums interessiert, weniger an dem Aufbau von Gemeindestrukturen. Er wurde deshalb stark kritisiert. Tatsächlich bestand sein Hauptinteresse darin, Bekehrungen des Einzelnen zu suchen, so wie er es selbst in der Nacht auf dem Zimmer mit Reichardt erlebt hatte. Diesem Motiv ordnete er alle seine wissenschaftlichen und sprachlichen Fähigkeiten unter, anders als es ihm vor seiner Bekehrung durch seine Mitschüler vorgeworfen wurde. Es komme darauf an, sich zum »Werkzeug von der Hand Gottes« (s.o.) machen zu lassen. Im Blick auf den Aufbau von Kirchen und Gemeinden bemerkte Gützlaff: »Streng genommen sollten wir dies anderen Leuten überlassen, denn wir müssen immer weiter und weiter vordringen.«[53]

4. Gützlaff lehrte und baute eine Missionsschule auf. Als Folge des Opiumkrieges verschloss China Reisenden das Landesinnere. Gützlaff reagierte darauf, indem er einen »Chinesischen Verein« ins Leben rief, mit dem Ziel, einheimische Prediger zu gewinnen und Traktate zu verteilen. Er vertrat früher und konsequenter als die Gesellschaftsmissionare die Auffassung, dass »China nur durch Chinesen«[54] gewonnen werden kann, indem Mitarbeiter und Prediger ausgebildet werden. Dafür warb er bei seiner Reise nach Deutschland und Europa kurz vor seinem Lebensende.

Diese vier Motive der Missionsmethode Gützlaffs – Sprache, Bibelmission und Verbreitung von Traktaten, Erweckung als Einzelmission, Missionsschule für den einfachen Bildungsgrad – sind aus meiner Sicht alle in ihrer Herkunft in der Schule Jänickes zu verorten.

---

[53] Gaihan's Chinesische Berichte, von der Mitte des Jahres 1841 bis zum Schluss des Jahres 1846, Herausgegeben von dem Vorstande der Chinesischen Stiftung, Kassel 1850, 160.
[54] Tiedemann, Die Missionsmethoden Gützlaffs, 225.

3. Der Einfluss Jänickes auf Gützlaffs Missionsverständnis

Die bisherige Gützlaff-Forschung vermutete Wurzeln seines Missionskonzepts allerdings bei zwei anderen Ausgangspunkten:

1.) Die eine Richtung konzentriert sich auf die Frage, wo der Typ des »Ein-mann-Missionars« herstammt, den Gützlaff verkörpert. Der Nestor der Gützlaff-forschung, der Schwede Herman Schlyter, wies in den siebziger Jahren erstmals auf die Einflüsse der Romantik hin, die Gützlaff durch Friedrich August Gottreu Tholuck (1799–1877) vermittelt worden sein könnten. Diese These wurde in der Literatur verschiedentlich weitergeführt.[55] Tholuck hatte in Berlin unter dem Einfluss Ernst Baron von Kottwitz als Student seine Bekehrung erlebt.[56]

Tholuck gab ab 1818 an dem Jänickeschen Missionsseminar einige Stunden Religions- und Sprachunterricht. Daran hielt er auch fest, als er 1820 seine Lehr-tätigkeit an der Berliner Universität begann.[57] Gützlaff lernte bei ihm wahr-scheinlich persisch und wurde gewiss auch in missionstheologische Aspekte der Erweckungsbewegung eingeführt. Natürlich lassen sich gegenüber dem Einfluss Tholucks, der Erweckungsbewegung und Romantik in sich vereint, auch Gegen-argumente finden; Etwa, dass der Nachweis des Einflusses im Einzelnen schwie-rig ist und Gützlaff Tholuck kaum erwähnt. Schließlich dürfte die Romantik und die Vorliebe zum Individualismus allgemein ein geistiges Klima darstellen.[58]

---

[55] Herman Schlyter, Karl Gützlaff als Missionar in China, Lund 1946, 21. Susan Fleming Mc Allister, Bet-ween Romantic Revolution and Victorian Propriety: The Cultural Work of British Missionary Narratives, Oregon 1997, Kap 3.

[56] Sein Bekehrungserlebnis hatte Tholuck bekanntlich in dem Traktat »Guido und Julius: Die Lehre von der Sünde und vom Versöhner, oder: Die wahre Weihe des Zweiflers« verarbeitet und veröffentlicht. Er wurde dazu von Samuel Elsner (1778–1856) angeregt, der ebenfalls zu den Kreisen Jänickes gehörte. Siehe dazu: Christine Axt-Piscalar: Ohnmächtige Freiheit: Studien zum Verhältnis von Subjektivität und Sünde bei August Tholuck, Julius Müller, Sören Kierkegaard und Friedrich Schleiermacher (Beiträge zur historischen Theologie 94), Tübingen 1996.

[57] Leopold Witte, Das Leben D. Friedrich August Gottreu Tholucks, Bd. 1 Bielefeld 1884, 155 und 404. Rührend ist das Zeugnis des Biographen, der Gützlaff allerdings nicht direkt im Zusammenhang mit Tholucks Tätigkeit am Seminar Jänickes in Verbindung bringt: »Wie bereits bemerkt wurde, hatte er, um seinen Lebensunterhalt zu fristen, nach der Rückkunft von Breslau im Jänickeschen Missionsseminar einige Stunden übernommen, ... Seine reizbare Natur machte ihm diese Stunden zu einer fortwährenden Versuchung, in Heftigkeit und Ungeduld auszubrechen, wenn die Fortschritte nicht derartig waren, wie der weiter Geförderte sie verlangte. Namentlich den Missionszöglingen gegenüber verlor er oft alle Fassung und überließ sich der Verzagtheit.« Dies habe er dem Tagebuch anvertraut. »Wiederholte Niederlagen aber, die sich noch weit in spätere Zeiten erstreckten, erlitt er auf einem anderen Gebiete, wo man es am wenigsten erraten sollte: mit tiefer Beschämung verzeichnet er wieder und wieder – und zwar eben weil er sich schämte, in fremden Sprachen, meist arabisch – die vielen Geldopfer, die ein unwiderstehliches Gelüst nach Süßigkeiten und leckerer Speise von ihm forderte.«

[58] Tiedemann, Die Missionsmethoden Gützlaffs, 199.

2.) Die andere Richtung versucht das Motiv der schnellen Dringlichkeit der Mission und Bekehrung Gützlaffs sowohl mit der Herrnhutischen Tradition als auch mit der Erweckungsbewegung zu verknüpfen. Dabei war die Beobachtung leitend, dass Gützlaff in seiner Arbeit eine rastlose Dringlichkeit verspürte, die Heiden schnellstmöglich zu erretten. Gerhard Tiedemann sieht hier die Möglichkeit eines Einflusses des »Zinzendorfschen Konzepts der Schnellmission«. Allerdings »lässt sich aber nicht mehr feststellen, ob der Hang zur Schnellmission bei dem rastlosen Gützlaff auf das eschatologische Motiv der Naherwartung oder lediglich auf zweifelsfrei vorhandene Abenteuerlust zurückführen lässt.«[59]

Wenngleich Tiedemann nun seine Vermutung selbst relativiert, ist dem Ansatzpunkt jedoch grundsätzlich zu widersprechen. Zinzendorf und auch die Herrnhuter Mission verfolgten eben gerade kein Konzept der »Schnellmission«. Zinzendorf selbst warnte ausdrücklich davor, »ganze Nationen zu bekehren, aber nicht viel Jünger zu machen«.[60] Er lehrte: »Der unbekehrten Heiden (oberflächliche) Christianisierung ist ein Werk des Teufels und sie werden danach unglücklicher und unseliger.«[61]

Allerdings weist die Vermutung Tiedemanns auf mögliche Einflüsse des Missionswesens der Brüdergemeine doch meines Erachtens in die richtige Richtung. Sie liegen jedoch auf einer anderen Ebene. Denn das Ziel der Herrnhuter war, sogenannte »Erstlinge« zu gewinnen, die sich dann ihrerseits der Mission in ihrer Kultur widmen können. »Wir suchen Erstlinge aus den Nationen, und wenn wir deren zwei bis vier haben, so überlassen wir sie dem Heiland, was er durch sie tun will.«[62] Wenn man ein Motiv finden will, das Gützlaff von Zinzendorf übernahm, wird es hier zu suchen sein. Denn Gützlaff war an der Einzelbekehrung von Einheimischen interessiert, die ihrerseits dann Zeugnis vom Evangelium geben.

Die beiden hier skizzierten Erklärungsversuche betreffen jeweils nur einen einzelnen Aspekt der Gützlaffschen Missionsmethoden, nämlich das Dasein als einzelner Freimissionar und die Dringlichkeit der Bekehrung. Beide Modelle gehen nebenbei bemerkt leider auch von einer tradierten Geringschätzung der Jänickeschen Missionsschule aus. Die formale Ausbildung des zunehmend altersgeschwächten Jänicke könne »bestenfalls Enthusiasmus und herrnhutisch

---

[59] Tiedemann, Die Missionsmethoden Gützlaffs, 223
[60] Zinzendorf, Jüngerhaus-Diarium vom 29. Juli 1750.
[61] Zinzendorf 1744, UA R.2.A.12.1.
[62] Zinzendorf 1747, UA R.2.A.23a.1.

geprägte Frömmigkeit« ausstrahlen, so Tiedemann. Hinter der Auffassung steht ein Urteil, das auf Julius Richter zurückgeht, den großen Kenner der späteren Geschichte der Berliner Mission. Er urteilt: Jänicke habe keine hohen wissenschaftlichen Ziele verfolgt und der Unterricht sei »planlos und ungeordnet« gewesen.[63] Es ist schwierig, die Qualität des Unterrichts in der Missionsschule Jänickes zu bewerten, weil eine unmittelbare Vergleichbarkeit fehlt und die Missionsbewegung des 19. Jahrhunderts noch am Anfang steht. Allerdings geben die Schüler Jänickes doch ein sehr eindrückliches Zeugnis von den Wirkungen der Missionsschule. Zu nennen sind neben Gützlaff beispielsweise der bereits erwähnte Missionar Karl Theodor Rhenius, der in Madras tätig war. Zu nennen wäre auch Heinrich Schmelen[64], der unter dem Volk der Nama im heutigen Namibia wirkte und ebenso wie Gützlaff einen sprachlich und kulturell orientierten Ansatz der Mission vertrat. Er übersetzte mit Hilfe seiner einheimischen Frau die vier Evangelien ins Khoekagowab und kleidete sich wie das afrikanische Volk.[65] Bis heute gibt es Gedenkorte seines Wirkens in Namibia.

Sieht man auf die Schüler Jänickes, gibt es m. E. gute Gründe, dem tradierten Urteil über Jänickes Missionsschule nicht zu folgen. Dies ist vor allem in Bezug auf das Missionskonzept Gützlaffs ersichtlich. Denn die oben erwähnten vier praktischen Aspekte der Akkomodationsmission Güttlaffs lassen sich mühelos schon bei Jänicke finden. Sie scheinen spezifische Weiterentwicklungen von Jänickes Ansätzen zu sein, wie abschließend skizziert werden soll:

1.) Sprache: Die Schule Jänickes war in einer Migrantengemeinde platziert, in der das Übersetzen und Verstehen von Sprache und Kultur ein ständiges Thema war. Das Erlernen von Sprachen und das Übersetzen war ein wichtiges Lernziel in der Missionsschule. Jänicke selbst hatte eine böhmische Übersetzung der »Idea fidei fratum« von Spangenberg herausgegeben. Es ist schwer vorstellbar, dass diese sprachlichen Anregungen Jänickes auf den sehr sprachbegabten Gützlaff ohne Auswirkungen blieben. Es ist überliefert, dass Gützlaff sich bereits

---

[63] Die schulische Ausbildung hätte zunehmend in der Hand von Jänickes Schwiegersohn Magister Rückert gelegen, gegen dessen wissenschaftliche Ausbildung gewisse Bedenken vorlagen. Rückert hatte mit der später gegründeten Berliner Gesellschaft und Missionsschule seine Kooperation verweigert, so dass die Jänickesche Missionsschule 1846 aufgelöst wurde (Julius Richter, Geschichte der Berliner Missionsgesellschaft 1824–1924, Berlin 1924, 7).

[64] Heinrich Schmelen (1776–1848), aus Kassebruch bei Bremen wirkte in Südafrika unter den Nama in der Nordkapprovinz Südafrikas. Dort gründete er eine Missionsstation Bethanien, kleidete sich aus Not wie die Nama in Felle. Er heiratete eine christliche Frau aus dem Stamm der Nama, mit deren Hilfe er die vier Evangelien übersetzte, die gedruckt eine weite Verbreitung erfuhren (Ledderhose, Jänicke, 116).

[65] Ursula Trüper, Die Hottentottin, Das kurze Leben der Zara Schmelen (1793–1831), Köln 2000.

vor seiner Ausreise mit der persischen Sprache beschäftigte, was in Berlin im 19. Jahrhundert nicht gerade nahe lag.

2.) Traktatmission: Jänicke gab eine Bibelübersetzung heraus, baute einen Bibelvertrieb für böhmische Bibeln auf und wurde durch von Schirnding angeregt, einen Vertrieb für Traktate aufzubauen. Dieser Schwerpunkt ergab sich aus Jänickes Auffassung, die in dem kleinen Satz »es ist an der Bibel genug« einen treffenden Ausdruck findet. Die Herausgabe der Bibel, die Verbreitung von biblischen Traktaten war ebenfalls ein Schwerpunkt des Missionskonzeptes von Karl Gützlaff. Seine Handelsreisen im Dienste der East India Companie und seine Reisen im Zusammenhang seiner uns heute strittig erscheinenden Rolle im Opiumkrieg nutzte Gützlaff um biblische Schriften zu verteilen. Sie scheinen – auch wenn es uns heute sehr fragwürdig erscheint – ein Mittel zum Zweck der Traktatverbreitung für Gützlaff gewesen zu sein.

3.) Erstlinge: Jänicke legte in seinem Missionskonzept auf die Bekehrung des Einzelnen wert, nicht nur bei seinen Schülern. Der Aufbau der Gemeinde erfolgt durch die Menschen, die sich sammeln zum Gebet, nicht etwa durch ein Gebäude. Eine ebensolche Strategie verfolgte Gützlaff. Tiedemann beschrieb dies mit den Begriffen der »Dringlichkeit« und der »Schnellmission«. Zum einen wurzelt die Konzentration auf die Einzelbekehrung in einem für die Erweckungstheologie typischen eschatologischen Motiv. Zum anderen steht dahinter ein ekklesiologisches Konzept der Brüdergemeine, das offenbar Jänicke an Gützlaff vermittelt hatte. Demnach komme es auf einzelne »Erstlinge« an, die in den jeweiligen Völkern für den Aufbau gemeindlicher Strukturen später selbstständig sorgen.

4.) Missionsschule: Jänicke hatte auf Anregung von Schirndings eine Missionsschule gegründet, in der biblische Information, Sprache und Predigt nachweislich die entscheidenden Ausbildungsinhalte waren. Die Adressaten der Schule waren einfache Leute, Handwerker. Schaut man sich die Beschreibungen des Missionsseminars Gützlaffs in China an, begegnen die Lerninhalte biblische Bildung und Predigt ebenso wieder, wie die Adressatengruppe: Die Prediger waren keine Gelehrten, sondern einfache Leute. Sie sollten im Sinne des Missionsgedankens der Herrnhuter Erstlinge in ihrer Kultur sein.

Alle vier Anregungen Jänickes – die Auseinandersetzung mit Sprache und Kultur, die Verbreitung der Bibel, Bekehrung des Einzelnen, Missionsschule von Einheimischen – entwickelte Gützlaff weiter. Er verband diese Aspekte mit dem Typ der Akkomodationsmission, die er in besonderer Weise ausbildete und die Voraussetzung für sein Wirken in Korea und China waren.

Bei aller Fragwürdigkeit seiner Verwicklungen in den Opiumkrieg ist der Kern seines Missionsverständnisses, »den Chinesen ein Chinese zu werden« in Sprache und Kultur, längst ein Teil der Globalisierungsgeschichte des Christentums geworden. Sie drückt sich heute symbolisch in der Transformation der Bethlehemskirche aus, dem Ausgangspunkt Gützlaffs. Hier blickte er kurz vor seinem Tod auf sein Wirken zurück. Die Kirche verschwand im Laufe des 20. Jahrhunderts. Heute erinnert eine Installation des Künstlers Juan Garaizabal an diese Migrantenkirche mit ihrer Missionsgeschichte. Es werden in diesem Kunstwerk nur die architektonischen Linien nachgezeichnet. Die Kirche hat keine Mauern mehr, weil ihr Glaube und ihre Werte in die Welt gegangen sind.

(Dr. Ulrich Schöntube ist Pfarrer in der Evangelischen Gemeinde in Berlin-Frohnau und war vorher Direktor der Gossner Mission)

ABSTRACT

Karl Gützlaff got his first training as a missionary at the Mission school of Johannes Jänicke at the Berlin Bethlehem Church. The church was built for Bohemian religious refugees. In addition to his pastoral service Johannes Jänicke founded under the influence of revivalism and inspired by Baron Schirnding Bible, Tract Society and Mission school. The focus of training in mission school was according to the students' place in a migrant congregation in the learning of languages, translation and in biblical teaching. The addressees of the school were craftsmen. Gützlaff entered 1820 with a scholarship of the king the Mission school, which was founded in 1800. There are four main aspects of the mission concept of Karl Gützlaffs that can be traced back to the Mission School of Jänicke: the efforts with regard to the language, the distribution of Bibles and tracts, the conversion of individuals and the establishment of a mission school for lower levels of education. All aspects developed Gützlaff to the particular type of accomodative mission.

Kwame Bediako als interkontextueller Theologe – ein europäischer Blick auf sein Erbe[1]

Bernhard Dinkelaker

Vorbemerkungen

Die Rolle und der Beitrag von Kwame Bediako (1945–2008) als eines hervorragenden afrikanischen christlichen Theologen sind unbestritten. Seine Bedeutung über afrikanische Kontexte hinaus ist jedoch alles andere als selbstverständlich. Dies gilt für Beiträge afrikanischer Theolog*innen allgemein. Die Verlagerung des Schwerpunkts der Christenheit in die südliche Hemisphäre ist zwar ein anerkannter Tatbestand, dies spiegelt sich jedoch nicht in der Theologie als Wissenschaft wieder. Hinweis dafür, dass in Teilen der universitären Theologie ein Bewusstsein für die dramatischen Veränderungen gewachsen ist, ist abgesehen von den Lehrstühlen für Interkulturelle Theologie eine wachsende Zahl von Centres for the Study of World Christianity.[2] Auch kann Kwame Bediakos Anerkennung als einer wichtigen Stimme in der Lausanner Bewegung und als Gastdozent in Europa und Nordamerika als ein Zeichen gewertet werden.[3] Generell spielen je-

---

[1] Der Artikel ist die überarbeitete deutsche Fassung eines Beitrags zum Kwame Bediako Tenth Anniversary Commemorative International Seminar am Akrofi-Christaller Institute (ACI) in Akropong, Ghana, 11.–13. Juni 2018, aus Anlass des 10. Todestages des ghanaischen Theologen. Er folgt Grundgedanken in: Bernhard Dinkelaker (2017): How is Jesus Christ Lord? Reading Kwame Bediako from a Postcolonial and Intercontextual Perspective. Frankfurt/Main: Peter Lang, insbesondere in den Kapiteln 1 und 5.

[2] Beginnend mit dem Centre for the Study of Christianity in the Non-Western World (CSCNW) von Andrew F. Walls in Aberdeen und Edinburgh, heute Edinburgh University Centre for the Study of World Christianity. Andere Zentren sind zum Beispiel World Christianity/Missions an der Yale Divinity School, das Nagel Institute for the Study of World Christianity am Calvin College, Grand Rapids, MI, das Oxford Centre for Mission Studies, das Studium Außereuropäisches Christentum an der Universität Basel.

[3] Als Gastprofessor in Aberdeen und Edinburgh von 1987 bis 1998, am Hendrik Kraemer Insititute, Oegstgeest, und an verschiedenen niederländischen Universitäten in den 1990er-Jahren, bei den Stone Lectures am Princeton Theological College, NJ, 2000, und bei der O. G. Myklebust Memorial Lecture in Oslo, Norwegen, 2005.

doch afrikanische Theolog*innen in der universitären Theologie Europas nach wie vor eine marginale Rolle. Während Kwame Bediakos Studienzeit am London Bible College (LBC)[4] 1973–1976 wurde sein Interesse an Afrikanischer Theologie als Interesse an einem exotischen Randgebiet im Lehrplan wahrgenommen, in den Worten eines Professors am LBC als »tinkering at the edges« der Systematischen Theologie. Dieser Kommentar blieb ein herausfordernder Stachel bis an Bediakos Lebensende.[5] In Deutschland wurden bis in die 1980er-Jahre Bücher afrikanischer Autoren[6] ins Deutsche übersetzt und weckten Interesse an Fragen von Inkulturation und Befreiung, jedoch mit wenig Relevanz für europäische Theologie. Seit Anfang der 1990er-Jahre sagen die Verlage: »Afrika verkauft sich nicht«.[7] Die Frage lautet deshalb, ob Kwame Bediakos Werk nur für Spezialist*innen, die sich mit afrikanischen Kontexten beschäftigen, von Interesse ist? Ist «Kontextuelle Theologie« begrenzt auf den sogenannten Globalen Süden, während akademische Theologie in Europa und Nordamerika Universalität und Normativität beansprucht?

Mit meinem Beitrag möchte ich Kwame Bediako als einen afrikanischen «Weltchristen« (*World Christian*) porträtieren, der sein theologisches Denken zwar konsequent mit seiner Akan-Identität verknüpft hat, jedoch immer im Bewusstsein, dass sich in einer inkarnatorischen Theologie Partikularität und Universalität wechselseitig bedingen.[8] Bediako plädierte für eine »interkontextuelle Theologie«, indem er wiederholt Max Stackhouse zitierte:

> A decisive criterion for a Christian understanding of contextuality is whether or not it leads to inter-contextual understanding of both the 'texts' of Christian faith and the interdependence of the contexts of the Church. Only inter-contextual views of contextuality could be reflective of the trans-contextual power of God present in each context.[9]

Der Terminus findet in der theologischen Diskussion Verwendung mit dem Inte-

---

4 Seit 2004 London School of Theology (LST).
5 Interview mit Gillian M. Bediako am 4. Februar 2015.
6 Mit Ausnahme von Mercy Amba Oduyoye m. W. nur männliche Autoren.
7 Heinrich Balz, Afrikanische Theologie 1991–2000. Richtungen und Regionen, in: Theologische Rundschau 68 (2), 2003, 203.
8 Seit dem Lausanner Kongress 1974 stand Bediako im engen Austausch mit den »young radicals« aus Lateinamerika und Asien. In seinen letzten Lebensjahren schloss das Projekt »Primal Religion as the Substructure of Christianity« Personen und Institutionen aus allen Kontinenten ein.
9 Max Stackhouse, in: Ruy O. Costa (ed.), One Faith, Many Cultures. New York: Orbis, 1988 6–7, zitiert in: Kwame Bediako, Christianity in Africa. The Renewal of a Non-Western Religion, Edinburgh/ Maryknoll 1995, 167; Kwame Bediako, Jesus and the Gospel in Africa. History and Experience. Maryknoll 2004, 118.

resse, Identitäten, Differenzen und Pluralitäten ernstzunehmen.[10] Er ist synonym mit dem geläufigeren Terminus »interkulturell«, wenn Kontexte als dynamisch und miteinander verwoben wahrgenommen werden, und ist umfassender, wenn er Dimensionen in den Blick nimmt, die mit dem Kulturbegriff nicht zwingend benannt sind.

In diesem Horizont war Bediako überzeugt, dass afrikanische Christ*innen einen wichtigen Beitrag für die weltweite Kirche leisten können. Er sah Afrika sogar als »Labor« für die Welt sowie als eine »privileged arena for Christian and religious scholarship«.[11] Ich werde Bereiche benennen, in denen er Fragen und Themen formuliert hat, die relevant sind für den globalen Diskurs und für die Begegnung und das Gespräch zwischen afrikanischer und europäischer Theologie im Besonderen. Dabei hat sich Kwame Bediako von Anderen inspirieren lassen, namentlich von seinem Mentor Andrew F. Walls, von Lamin Sanneh, John S. Mbiti, John S. Pobee und anderen, aber er leistete seinen genuinen wichtigen Beitrag. Was ihn von vielen Protagonisten afrikanischer Theologie der ersten und zweiten Generation unterscheidet, ist sein Selbstbewusstsein als ein afrikanischer christlicher Theologe, der erst durch sein »Damaskuserlebnis« zu seinen afrikanischen Wurzeln gefunden hat: Er war Stipendiat und Doktorand in Französischer Literatur an der Universität Bordeaux, als für ihn als einen atheistischen Studenten der Generation nach der politischen Unabhängigkeit Ghanas durch eine völlig unerwartete Christuserfahrung in einer tiefen Krise Jesus Christus zum »Schlüssel aller Weisheit und Erkenntnis« (Kol. 2,3) wurde.[12] Seine emphatische These »the watershed has been passed«[13] kennzeichnet, dass

[10] So Christopher Duraisingh, Mission Towards Reconciled and Inter-Contextual Communities, in: International Review of Mission 91 (363), 2002, S. 484; Philip Lauri Wickeri; Janice Wickeri; Damayanthi M. Niles, Damayanthi M. A, Plurality, Power, and Mission. Intercontextual Theological Explorations on the Role of Religion in the New Millennium, London 2000; Siehe auch z. B. Arata Miyamoto, Embodied Cross: Intercontextual Reading of Theologia Crucis. Eugene 2010. Fakultäten in Oslo, Norwegen, und in Bamberg, bieten Studiengänge in ›Interkontextueller Theologie‹ an.

[11] Bediako, Christianity in Africa, 252–255; das Akrofi-Christaller Institute for Theology, Mission and Culture (ACI) in Akropong verkörpert diesen Ansatz als Forschungsinstitut, als Hochschule und als Campus-Gemeinschaft von Lehrenden, Studierenden und Mitarbeitenden.

[12] Bediako war als Student überzeugter Atheist und fasziniert vom französischen Surrealismus und Existenzialismus einerseits und von der Négritude-Bewegung andererseits. Für sein lebenslanges Ringen um die Frage afrikanischer Identität wurde durch sein »Damaskus-Erlebnis« Jesus Christus zum hermeneutischen Schlüssel (s. Sara J. Fretheim, Kwame Bediako and African Christian Scholarship. Emerging Religious Discourse in Twentieth-Century Ghana. Eugene 2018; Andrea Pfeiffer, Kwame Bediako – ein Porträt, in: EMW (Hg.): Afrika? Afrika! Staat, Nation und Kirchen. Hamburg 2002, 144.

[13] Kwame Bediako, The Missionary Inheritance, in: Robin Keeley (Hg.), Christianity: A World Faith. Tring 1985, 311; Ders., Understanding African Theology in the 20th Century, in: Themelios 20 (1) 1994,17;

die Zeit unwiderruflich der Vergangenheit angehört, in der Afrikanische Theologie mit dem Verdikt zu kämpfen hatte, das Christentum sei die »Religion des weißen Mannes«:

> Not what Western missionaries did or said (or failed to do or say), but what African Christians would do with their Christian faith and commitment were now the determining factors in the development of Christian thought in Africa.[14]

Von gegenwärtigen christlichen afrikanischen Protagonisten, welche ein simplifizierendes Konzept einer »reverse mission« in Europa vertreten, unterscheidet ihn sein profundes Verständnis der Beziehung zwischen Evangelium und Kultur und die zentrale Rolle von Sprache und von gelebter Theologie an der Basis.

Im Licht dieser Vorbemerkungen werde ich drei persönliche Begegnungen und Erfahrungen mit Kwame Bediako schildern, die zugleich auf drei Themenbereiche hinweisen: 1. die Beziehung zwischen Evangelium, Kultur und Sprache, »Incarnation as Translation«[15]; 2. die Hinterfragung eurozentrischer Konzepte von »Entwicklung« und »Fortschritt«, von »Religion«, »Säkularisierung« und »Aufklärung«; 3. der Ansatz einer polyzentrischen Mission und die These, Afrika sei ein «Labor» der Weltchristenheit. Dabei hat Bediako viele Fragestellungen aufgeworfen, ohne einfache Antworten anzubieten. Sie kennzeichnen vielmehr eine Agenda mit offenen Fragen, denen ich im Blick auf ihre Wahrnehmung in afrikanischen und europäischen Kontexten nachgehe.

Dabei ist Vorsicht geboten in der Verwendung der Termini »Afrika« und «Europa«, und noch mehr der Begriffe »the West« und »the Non-West«: Sie bezeichnen weniger geographisch definierte Größen als vielmehr Konstrukte mit ihrer eigenen Geschichte von wechselnden Bedeutungen und fließenden Definitionen, jedoch mit weitreichenden Auswirkungen auf die Geschichte und die Beziehungen von Menschen. »Europa« und «Afrika« kennzeichnen eine schmerzhafte verwobene Geschichte, eine 500jährige «melancholy history«[16] der Versklavung, der kolonialen und imperialen Eroberung, der fortgesetzten politischen und ökonomischen Abhängigkeit. Der «Westen« bezeichnet ein imaginiertes Konstrukt

Ders., African Theology, in: David F. Ford (Hg.), The Modern Theologians. An Introduction to Christian Theology in the Twentieth Century, Cambridge/Oxford 1997², 434.

[14] Ders., Jesus and the Gospel in Africa, 56.

[15] Andrew F. Walls, The Missionary Movement in Christian History. Studies in the Transmission of Faith. Maryknoll/ Edinburgh 1996, 27.

[16] Kwame Bediako, Toward a New Theodicy: Africa's Suffering in Redemptive Perspective, in: Journal of African Christian Thought 5 (2) 2002, 49.

im Gegenüber zum »Nicht-Westen« oder dem »Rest«, allerdings mit wechseln-den Bedeutungen im Verlauf der Geschichte.[17] Wenn ich diese Begriffe ver-wende, dann nicht im Sinne essentialisierender Definitionen, vielmehr auf der Grundlage der Diversität und Pluralität beider Kontinente, Europa und Afrika, und der historischen Kontingenz der Bedeutung des «Westens«.

1. ›Incarnation as Translation‹ und die vieldeutige Macht der Sprache

Zum ersten Mal begegnete ich Kwame Bediako persönlich im Jahr 1993, im »Basel House« in Akropong, wo seit ca. 30 Jahren das Akrofi-Christaller Insti-tute for Theology, Mission and Culture (ACI) beheimatet ist,[18] und wo ich selbst 1980 meinen ersten Unterricht in der Sprache Twi erhalten hatte.[19] Was mich am meisten beeindruckte war die Begeisterung, mit der Kwame eine Erfahrung aus seiner Twi-Bibelgesprächsgruppe in Akropong erzählte: Eine ältere Frau machte ihn auf Hebr 1,3 aufmerksam, wo für die Reinigung der Sünden durch Christus in der Twi-Bibel das Wort *dwira* gebraucht wird. Die Frau hatte gefragt, in wel-cher Beziehung der Hebräerbrief zum *Odwira*-Fest in Akan-Gesellschaften stehe. Kwame war begeistert, dass eine Laiin, die die Bibel in ihrer Mutterspra-che las, darauf hinwies, dass ihre Geschichte und ihr kulturelles Erbe nicht im Widerspruch zum Evangelium stehen musste, dass es vielmehr um eine Trans-formation auf Christus hin ging. Kwame Bediako kam zu dem theologischen Schluss, dass die Reinigungsrituale des Odwira-Festes als »fulfilled and tran-scended by the one, perfect *Odwira*, that Jesus Christ has performed once and for

---

[17] Länder wie Australien und Neuseeland, die aus »westlicher« Perspektive im Südosten liegen, gelten als Teil der »westlichen Welt«, mit Einschränkungen auch Russland (sofern während der Ära des Kalten Kriegs nicht der »Ost-West-Gegensatz« auf die Sowjetunion angewandt wurde), häufig auch Japan, Israel und andere. Gillian M. Bediako hat eine historische Analyse der Begriffe »der Westen« und »Europa« vorgelegt in: Gillian M. Bediako, Primal Religion and the Bible. William Robertson Smith and His Heritage, in: Journal for the Study of the Old Testament, 1997.

[18] 1987 wurde das Institut als «Akrofi-Christaller Memorial Centre for Mission Research and Applied Theology« gegründet. Akademische Programme wurden, in Verbindung mit der University of Natal, 1997 aufgenommen. Seit 2006 ist das ACI als Universität mit eigener Charter in Ghana akkreditiert.

[19] Twi bzw. Akan ist die Sprache, die in verschiedenen Dialekten von nahezu der Hälfte der ghanaischen Bevölkerung als Muttersprache gesprochen wird, und die im ganzen Land als Lingua franca dient.

all, and for *all* people everywhere« verstanden werden konnten.[20] Nicht-christliche Feste wie *Homowo[21]* oder *Odwira*

> present us with the opportunity to embrace a people's world-view and sense of identity, and to explore how the gospel of the incarnation also finds a home in the lives, hopes, fears and aspirations of people who are, like us, made in the image of God.[22]

In derselben Weise begeisterte sich Kwame Bediako für eine Sammlung von Twi-Gebeten im Stil traditioneller, populärer Akan-Preislieder, *apae*. Eine traditionelle Hebamme ohne Schulbildung, Mitglied der Church of Pentecost in Obo, Kwahu, mit Namen Afua Kuma hatte sie verfasst. Sie waren aufgeschrieben und im Jahr 1980 in Twi und in Englisch publiziert worden.[23] Jedoch erst durch Bediako wurde das kleine Buch zu einer wichtigen Ressource der Reflexion über »mother tongue theology«.[24]

Incarnation as Translation

Welchen Stellenwert hat diese hohe Wertschätzung der Akan-Kultur, der Twi-Bibel und der oralen Theologie an der Basis nicht nur für Ghana, sondern ebenso für Europa? Zusammen mit Andrew F. Walls, Lamin Sanneh und anderen hat sich Bediako mit der unauflöslichen Beziehung zwischen Evangelium, Kultur und Sprache intensiv auseinandergesetzt. Die Weitergabe und die Aneignung des Evangeliums (*transmission and appropriation*) beruhen auf Sprache, die wiederum eingebettet ist in Weltsicht, Kultur, Religion und eine geteilte Vorstellung von Identität. Andrew Walls spricht von ›the translating principle in Christian history‹,[25] and Lamin Sanneh von dem ›vernacular paradigm‹.[26] Die moderne

---

[20] Kwame Bediako, Jesus in African Culture. A Ghanaian Perspective. Accra 1990, 45; siehe auch Ders., Christianity in Africa, 70; Ders., Jesus and the Gospel in Africa, 33; Ernestina Afriyie, Christ, Our Perfect Sacrifice. The Odwira Festival and Christianity in Contemporary Ghana. The Kwame Bediako Memorial Lecture, June 2014. In: Journal of African Christian Thought 17 (1), 2014, 26–33.

[21] Das Homowo-Fest ist das höchste traditionelle Fest der Ga-Community.

[22] Kwame Bediako, Festivals, in: ATF Bulletin (15), 2003, 5.

[23] Afua Kuma, Kwaeberentuw ase Yesu. Afua Kuma ayeyi ne mpaebɔ, Accra 1980; Englische Übersetzung: Afua Kuma, Jesus of the Deep Forest: Prayers and Praises of Afua Kuma, Accra 1980.

[24] Philip Laryea analysiert mehrere ihrer Gebete in: Philip T. Laryea, Mother Tongue Theology: Reflections on Images of Jesus in the Poetry of Afua Kuma, in: Journal of African Christian Thought 3 (1), 2000, S. 50–60.

[25] Walls, The Missionary Movement in Christian History, 26.

[26] Lamin O. Sanneh, Translating the Message. The Missionary Impact on Culture. Maryknoll 1989, 4.

Missionsbewegung[27] als eine »Übersetzungsbewegung« (*translation movement*) markiert die Herausbildung einer »post-westlichen«, wahrhaft universalen Christenheit in der Diversität von Sprachen und Kulturen.[28] Walls schreibt:

> Incarnation is translation. When God in Christ became man, Divinity was translated into humanity, as though humanity were a receptor language. [...] But language is specific to a people or an area. Similarly, when Divinity was translated into humanity [...] He became a *person* in a particular locality and in a particular ethnic group, at a particular place and time.[29]

Dieser Ansatz einer »Translation Theology«, wie sie Tinyiko Maluleke genannt hat,[30] ist in der Diskussion um Afrikanische Theologie kritisch rezipiert worden, indem vor einem naiven Verständnis gewarnt wird.[31] Maluleke hält fest: »Translation has not been as magical and successful as it is sometimes made out to be«.[32] Jeder Übersetzungsprozess ist komplex und kontingent und beinhaltet eine radikale Re-Lektüre von Texten, die Produktion neuer Bedeutungen mit veränderten Perspektiven, eine »unmögliche Möglichkeit«.[33] Sprachen (»Muttersprachen«) und Kulturen sind nicht primordial, sondern dynamisch. Umgekehrt haben Bibelübersetzungen Sprachen geprägt.[34] Seit Jahrhunderten mühen sich Kirchen mit der Frage ab, welche Sprachen in Kontexten sprachlicher Vielfalt verwendet werden sollen.[35] In globaler Kommunikation ersetzen »globale Sprachen« wie Englisch zunehmend lokale Umgangssprachen. Dies gilt insbesondere für neue »internationale« charismatische christliche Kirchen.[36] Unter Berücksichtigung die-

---

[27] Im protestantischen Bereich seit dem 18. Jahrhundert.

[28] Vgl. Andrew F. Walls, Christianity in the Non-Western World: a Study in the Serial Nature of Christian Expansion, in: Studies in World Christianity 1 (1), 1995, 8–10.21–24

[29] Ders., The Missionary Movement in Christian History, 27.

[30] Tinyiko Sam Maluleke, Black and African Theology After Apartheid and After the Cold War, in: Exchange 29 (1) 2000, 203.

[31] Siehe z. B. Marilyn Robinson Waldman, Translatability: A Discussion, in: Journal of Religion in Africa XXII (2), 1992, 159–164; Klaus Hock, Translated Messages? The Construction of Religious Identities as Translatory Process, in: Mission Studies 23 (2), 2006, 261–278.

[32] Tinyiko Sam Maluleke, Black and African Theologies in the New World Order, A Time to Drink from Our Own Wells, in: Journal of Theology for Southern Africa 96, 1996, 9.

[33] Siehe u. a. Jacques Derrida (Übersetzung Michael Wetzel), Die Einsprachigkeit des Anderen. Oder die ursprüngliche Prothese. München 2003, 128–129.

[34] Namentlich Luthers deutsche Bibelübersetzung und die King James Version in England.

[35] Zum Beispiel die Verwendung von Latein in Europa bis zur Moderne, von Französisch in den verschiedenen Regionen Frankreichs oder von Hochdeutsch in der Schweiz.

[36] Ein Beispiel ist Mensa Otabil, International Central Gospel Church (ICGC), der bewusst Englisch vorzieht, weil mit Bildung Ignoranz und Analphabetismus bekämpfen möchte, und weil Englisch die Sprache der Geschäftswelt ist, zitiert in: Paul Gifford, Ghana's New Christianity. Pentecostalism in a Globalising African Economy, London 2004, 131.

ser kritischen Anmerkungen kann die Rolle von Sprache und Übersetzung in allen Aspekten sozialer Beziehungen jedoch nicht hoch genug eingeschätzt werden.

Sprache und Macht

Zwei grundlegende Merkmale von Sprache und Übersetzung sind von entscheidender Bedeutung: a) Sprache produziert Wissen und Bedeutung, b) deshalb ist Sprache immer bezogen auf Machtverhältnisse. Sprache ist niemals »unschuldig«, sondern inhärent vieldeutig. Die Macht, Kategorisierungen, Klassifikationen und Bedeutungen zu definieren, betrifft alle Aspekte des Lebens. Es ist eine Macht, Herrschaft auszuüben, auszuschließen, zu entscheiden, was als menschlich anerkannt wird. Durch diese Macht kann Sprache Macht verleihen und befreiend wirken, sie kann ebenso ein Instrument der Beherrschung und Unterwerfung sein. Seit Edward Saids bahnbrechender Arbeit zum »Orientalismus«[37] haben postkoloniale Studien kritisch untersucht, wie Sprache gebraucht wurde, um das Denken der Kolonisierten zu kolonisieren und um Grenzen zwischen überlegenem und dominantem Wissen einerseits sowie minderwertigem und ausgeschlossenem Wissen andererseits zu etablieren.[38] Postkoloniale Theoretiker*innen haben jedoch ebenso Räume für lokale Handlungsmacht (*agency*) und für die Möglichkeit von Transformationen beschrieben, da Sprache immer instabil und variabel ist, und da ausgeschlossenes Wissen in der Lage ist, in dominanten Diskursen Eingang zu finden und die unterworfene Kultur davor zu schützen, assimiliert zu werden.[39]

Kwame Bediako verwendet eine Sprache, die sich von postkolonialen Theorien unterscheidet. Jedoch gibt es frappierende Affinitäten in den Argumentationslinien im Blick auf die Beziehung von Sprache und Macht. Bediako schreibt

[37] Edward Said, Orientalism, in: Bill Ashcroft/Gareth Griffiths u.a. (Hg.): The Post-Colonial Studies Reader, London/New York 1995, 87–91.

[38] Siehe z. B. Ashcroft/Griffiths u.a. (Hg.), The Post-Colonial Studies Reader; María do Mar Castro Varela/ Nikita Dhawan, Postkoloniale Theorie. Eine kritische Einführung. Bielefeld 2005; Linda Tuhiwai Smith, Decolonizing Methodologies. Research and Indigenous Peoples, London/New York 2012². Die meisten postkolonialen Theoretiker*innen beziehen sich auf Michel Foucaults Diskursanalyse und auf Jacques Derridas Sprachphilosophie und kommen aus den Literatur-, Kultur-, Politik- und Sozialwissenschaften.

[39] Siehe z. B. Homi K. Bhabha, Signs Taken for Wonders, in: Ashcroft/Griffiths u.a. (Hg.), The Post-Colonial Studies Reader 1995, 29–35; Ders., Of Mimicry and Man. The Ambivalence of Colonial Discourse, in: Frederick Cooper/Ann Laura Stoler (Hg.), Tensions of Empire. Colonial Cultures in a Bourgeois World, Berkeley 1997.

aus der Perspektive eines Afrikaners, der als Student von seinem Interesse an antikolonialen Autoren und an Dichtern der *Négritude* geprägt war.[40] Seine Bekehrung zu Jesus Christus als dem Herrn des Universums bekräftigte seine Identität als Afrikaner (*Africanness*). Dies spiegelt sich wieder in seinem emphatischen Bestehen darauf, dass das Christentum in Afrika eine »nicht-westliche Religion« ist,[41] sowie in seiner Kritik eines »Western value setting«.[42] Es drückt sich in seiner Zustimmung zu Desmond Tutus These aus, »Afrikanische Theologie« und (südafrikanische) »Schwarze Theologie« seien keine Antagonistinnen, vielmehr seien sie »Seelenverwandte« (*soulmates*).[43] Ein Schlüssel zu seinem Verständnis von Sprache und Macht ist seine kritische Analyse von Termini, die sowohl in der Twi-Bibelübersetzung als auch in der Kulturanthropologie eingeführt wurden.

Ein einschlägiges Beispiel ist die Prägung des Twi-Wortes *anyame* durch frühe Basler Missionare, die pluralisierte Form des persönlichen Gottesnamens *Onyame*, als eine Übersetzung des Wortes »(andere) Götter«.[44] Bediako nennt dies »semantischen Unsinn« und ein Wort, das »einem im Hals stecken bleibt«.[45] Es illustriert die Macht europäischer Missionare, Begriffe zu definieren und dadurch einen antagonistischen Dualismus zwischen der »neuen Religion« und einheimischer Wahrnehmung von Wirklichkeit zu schaffen. Für Bediako war die Konsequenz die »Dämonisierung unserer Kultur«. Durch diese seien die kulturellen Mittel geraubt worden, die eigene »road map« zu lesen.[46] Bediako und

---

[40] Z. B. Frantz Fanon, Aimé Césaire, Léopold Senghor

[41] Sein Buch Christianity in Africa (1995) trägt den Untertitel The Renewal of a Non-Western Religion.

[42] Vgl. Bediako, Christianity in Africa, 143; Ders., The Missionary Inheritance, 305; Ders., Understanding African Theology in the 20th Century 1998, 59; Ders., Translatability and the Cultural Incarnations of the Faith, in: James A. Scherer/Stephen B. Bevans (Hg.), New Directions in Mission and Evangelization 3 – Faith and Culture. New York 1999, 147.

[43] Desmond M. Tutu, Black Theology and African Theology – Soulmates or Antagonists?, in: John Parratt (Hg.), A Reader in African Christian Theology, London 1980, 46–57; zustimmend zitiert von Bediako in: Ders., Jesus and the Gospel in Africa, 49; Ders., A Half Century of African Christian Thought: Pointers to Theology and Theological Education in the Next Half Century, in: Journal of African Christian Thought 3 (1) 2000, 6; Ders., Africa and Christianity on the Threshold of the Third Millennium: the religious dimension, in: African Affairs 99 (2000), 312.

[44] Kritisch kommentiert durch: Johann Gottlieb Christaller, Dictionary of the Asante and Fante Language called Tshi (Twi), Second Edition, Revised and Enlarged, Basel: Printed for the Basel Evangelical Missionary Society 1933, 356, dennoch bis heute in der Twi-Bibel verwendet.

[45] Kwame Bediako, Biblical Exegesis in Africa: The Significance of the Translated Scriptures, in: Diane B. Stinton (Hg.), African Theology on the Way. Current Conversations. London 2010, 19. Original »semantic nonsense« und »a word that sticks in the throat«.

[46] Kwame Bediako, Scripture as the Hermeneutic of Culture and Tradition, in: Journal of African Christian Thought 4 (1) 2001, 10. Original: the ›demonisation of our culture‹ which ›takes away the cultural tools for reading one's own »road map«‹.

Ernestine Afriyie diskutieren linguistische Alternativen zu diesem Antagonismus. Sie bringen ins Gespräch, *anyame* durch *(tete) abosom* zu ersetzen, die *tutelar* oder *guardian spirits* in der Akan-Weltsicht,[47] im Englischen normalerweise mit »lesser deities/gods« übersetzt.[48] Beide eröffnen dadurch einen Weg, auf dem die *(tete) abosom* nicht antagonistisch als Feinde bekämpft werden, auf dem vielmehr ihre schützende, aber dennoch begrenzte Rolle in der traditionellen Akan-Gesellschaft anerkannt wird. Da diese aber nicht in der Lage sind, den Schutz zu gewährleisten, der von ihnen erwartet wird, ist es an ihrer Stelle die überbietende Macht Jesu Christi als der »perfekte Mittler« (Hebräer 8), die sie obsolet macht.[49]

Ein weiteres Beispiel ist der Begriff «Animismus«, der von Edward B. Tylor eingeführt worden war und als »the generic name for the religious beliefs of more or less backward or degraded peoples all over the world« von der Weltmissionskonferenz 1910 in Edinburgh übernommen und bestätigt wurde.[50] Der Terminus wird bis heute vielfach verwendet, um »traditionelle Religionen« zu beschreiben. Bediako vermerkt dazu: »[...] ›animism‹ with its associated ideas was simply the religious counterpart to the general social and technical inferiority of uncivilised and savage peoples«.[51]

---

[47] Christaller, Dictionary of the Asante and Fante Language called Tshi (Twi), 43, im Deutschen am ehesten mit »schützende spirituelle Mächte« wiederzugeben.

[48] Bediako, Biblical exegesis in Africa, 19; Ernestina Afriyie, Abosom (Onyame mma - children of God) and Jesus Christ (the Son of God): An Engagement of the Intermediary Role of Abosom in Akan Religion with that of Jesus Christ in the Christian Faith, in: Gillian Mary Bediako/Benhardt Y. Quarshie u.a. (Hg.), Seeing New Facets of the Diamond. Christianity As a Universal Faith. Essays in Honour of Kwame Bediako, Oxford 20141, 268.

[49] A.a.O.

[50] W. H. T. Gairdner, Edinburgh 1910. An Account and Interpretation of the World Missionary Conference, Edinburgh/ London 1910, 139–141. Gairdner zufolge waren auch die die Religionen Chinas und Japans ›civilised and moralised forms of animism. [...] queer vestiges of it are to be found in all the countries of Europe‹, 139.

[51] Kwame Bediako, Theology and Identity 1992, 230; siehe auch: Ders., Biblical Christologies in the Context of African Traditional Religion, in: Samuel Vinay/Chris Sugden (Hg.), Sharing Jesus in the Two-Thirds World. Evangelical Christologies from the contexts of poverty, powerlessness, and religious pluralism. Grand Rapids1983, 85; Ders., Epilogue. The Impact of the Bible in Africa, in: Ype Schaaf (Hg.), On Their Way Rejoicing. The History and the Role of the Bible in Africa. Oxford u.a. 2002, 242–243; Ders., ›Why Has the Summer Ended and We Are Not Saved?‹ Encountering the Real Challenge of Christian Engagement in Primal Contexts, in: Journal of African Christian Thought 11 (2) 2008, 6.

Plädoyer für eine Multilinguale Hermeneutik

Diese wenigen Beispiele illustrieren, dass Bediakos leidenschaftliches Interesse an Sprache, Übersetzung und Kultur keine Frage nur für Spezialist*innen der Linguistik und Kulturanthropologie ist, noch ist es Ausdruck eines engen oder romantischen Verständnisses von Inkulturation.[52] Globale Sprachen wie Englisch sind unverzichtbar, dennoch sind Übersetzungsprozesse eine Frage der Kämpfe um Identität und lokale Handlungsmacht, damit Räume gegen Dominanz und Ausschluss geschaffen werden können. Gegenwärtige globale Debatten über Ethnozentrismus, Rassismus und Diskriminierung unterstreichen die Schlüsselrolle der vieldeutigen Macht von Sprache. Dies gilt umso mehr für die Theologie als Reflexion über die Inkarnation des Wortes Gottes in der Diversität und Pluralität der Weltchristenheit. Theologie ist deshalb immer und überall kontextuell und wird fortwährend transformiert. Alle Ansprüche einer Normativität und Universalität »jenseits von Kultur und Sprache« konstituieren entweder hegemoniale Ansprüche, oder sie enden in Abstraktionen mit wenig Relevanz für das Leben von Gemeinschaften.[53] Interkontextuelle Theologie erfordert eine multilinguale Hermeneutik, wie sie Kwame Bediako mit seinem Plädoyer für eine »mother tongue theology« einfordert, die konsequent theologische Aussagen in den Äußerungsformen der jeweiligen Umgangssprache und des kulturellen Erbes reflektiert. Praktisch wird diese Forderung am ACI u. a. dadurch eingelöst, dass von allen Studierenden ein abstract jeder Arbeit in der jeweiligen Muttersprache verlangt wird.

Der Wert einer solchen Theologie auf hohem, reflektiertem Niveau kann am Beispiel eines Vergleichs exegetischer Kommentare zum Hebräerbrief demonstriert werden,[54] von Bediako als »OUR Epistle« charakterisiert.[55] Europäische und nordamerikanische Kommentare haben überwiegend mit der Fremdheit der Vorstellungswelt des Briefs zu kämpfen, mit den Bildern des Hohepriesters, der rätselhaften Melchizedek-Gestalt, mit Opfern und Blut, während ghanaische Au-

---

[52] Zur Ambivalenz von Kulturen siehe z. B. John S. Mbiti, African Indigenous Culture in Relation to Evangelism and Church Development, zitiert in: Bediako, Jesus and the Gospel in Africa, 75.

[53] Sanneh vergleicht die Suche nach einem »reinen« Evangelium jenseits von Kulturen mit ›getting at the kernel of an onion without the peel. The pure gospel [...] would evaporate in a vague abstraction‹; Lamin O. Sanneh, Encountering the West. Christianity and the Global Cultural Process: The African Dimension. London 1993, (117).

[54] Siehe Bernhard Dinkelaker, How is Jesus Christ Lord? 2017, 448–462.

[55] Bediako, Jesus in African Culture, 33; Ders., Jesus and the Gospel in Africa, 27.

toren, neben Bediako John Ekem und Seth Kissi, diese Bilderwelt mit der Akan-Kultur und -Sprache in Verbindung bringen. Sie legen eine differenzierte Exegese vor, die relevant für ihren Kontext ist und die zugleich neue Einsichten für »westliche« Exegese eröffnet.[56]

2. Konzepte von »Entwicklung« und »Fortschritt«, von »Religion«, »Säkularisierung« und »Aufklärung« in Interkontextueller Theologie

Im Jahr 2002 traf ich Kwame Bediako bei einer Konferenz in Deutschland, wo er als Hauptredner zum Thema »Co-workers in Mission: In Search of a New Agenda – An African Perspective« referierte.[57] Er sprach über das ambivalente Erbe des Christentums in Europa und über die dynamische Erfahrung afrikanischer Christ*innen im religiös pluralen Kontext Ghanas. Die folgende Anmerkung blieb mir dabei in nachhaltiger Erinnerung:

> On the side of the West the prolonged experience of Christendom meant that Western Christians lacked the regular challenge to establish their conceptual categories in relation to alternative religious claims, whilst the secularised environment that issued out of the Enlightenment has tended to suggest that specifically religious claims are no longer decisive. As a result of this Western handicap, the encounter with religious pluralism may lead to either religious fundamentalism or else the diminishing of religious convictions.[58]

---

[56] Siehe Ders., Biblical Christologies in the Context of African Traditional Religion; Ders., Jesus in African Culture; Ders., Christianity in Africa; Ders., The Gospel As Alpha and Omega of Culture: The African Dimension, in: Akrofi Christaller Centre News (20) 1997, 8–11; Ders., Facing the Challenge. Africa in World Christianity in the 21st Century – A Vision of the African Future, in: Journal of African Christian Thought 1 (1) 1998, 52–57; Ders., Gospel and Culture: Some Insights for Our Time from the Experience of the Earliest Church, in: Journal of African Christian Thought 2 (2) 1999, 8–17; Ders., Jesus and the Gospel in Africa; John David Kwamena Ekem, The Use of Archiereus ›High Priest‹ as a Christological Title: A Ghanaian Case Study, in: Trinity Journal of Church and Theology 11 (1&2) 2001, 57–67; Ders., New Testament Concepts of Atonement in an African Pluralistic Setting, Accra 2005; Ders., Priesthood in Context. Second and Revised version, Accra 2008; Seth Kissi, An Akan View of Jesus. Exegetical Exploration into Hebrews 1:1–4 in the Light of Insights from the Akan Mother Tongue. Unpublished thesis presented to the Trinity Theological Seminary, Legon 2008.

[57] Kwame Bediako, Co-Workers in Mission: In Search of a New Agenda – An African Perspective, in: EMW (Hg.), Menschen in Gottes Mission. Personal-Entsendungen und personelle Zusammenarbeit in der weltweiten Mission, Hamburg2003, 60–68.

[58] A.a.O., 64; vgl. auch Lamin O. Sanneh Encountering the West, 170.

Diese für Europa charakteristische Entwicklung im Blick auf Religion und Säkularisierung, so Bediako, bestimmt jedoch nicht notwendigerweise Entwicklungen auf dem afrikanischen Kontinent, im Gegenteil: Die spezifisch europäische Geschichte des Christentums (*Christendom*) resultierte in Dilemmata, für die Afrika Alternativen und neue Herausforderungen liefert. Bediako, ebenso wie Andrew F. Walls, Lamin Sanneh, Lesslie Newbigin, David Bosch und andere, hat sich intensiv mit diesen Fragen auseinandergesetzt.[59] Ich kann drei, miteinander verknüpfte Bereiche erkennen, in denen Kwame Bediako Fragen aufgeworfen hat, die unvermindert relevant für interkontextuelle Debatten sind: 1. seine Kritik an evolutionistischen Theorien von Entwicklung und Fortschritt, 2. seine Infragestellung der Konzepte von »Religion/religiös«« und «Säkularisierung/säkular«, 3. seine kritischen Anmerkungen zum Erbe der Aufklärung.

»Entwicklung« und »Fortschritt«

Die Wahrnehmung afrikanischer Völker und Kulturen in den Disziplinen der Kulturanthropologie und der Vergleichenden Religionswissenschaft ist ein durchgängiges Thema in Bediakos Publikationen, insbesondere E. B. Tylors Theorie, die für die Entwicklungsstufen vom »Animismus« über den »Polytheismus« zum »Monotheismus« universale Gültigkeit beansprucht, und J. G. Frazers Stufen von der »Magie« über die »Religion« zur »Wissenschaft«. Bediako kommentiert kritisch ihr

> quest for the origin of religion in the history of mankind, constructed on a strict evolutionary scheme of development from lower, simpler forms, to higher, more refined and complex levels of culture. Since they associated levels or stages of material culture with corresponding stages in mental and spiritual culture, lower material accomplishments of ›primitive‹ peop-

---

[59] Zum Beispiel Bediako, The Missionary Inheritance, 305; Ders., Christianity in Africa, 143; Ders., The Significance of Modern African Christianity – A Manifesto, in: Studies in World Christianity 1 (1) 1995, 58.62; Ders., Theological Reflections, in: Tetsuano Yamomari/Bryant L. Myers u.a. (Hg.), Serving with the Poor in Africa. Monrovia, 1996, 181; Ders., Understanding African Theology in the 20th Century, 59; Ders., Translatability and the Cultural Incarnations of the Faith, 147; Ders., Africa and Christianity on the Threshold of the Third Millennium, 3395–396; Ders., The Church and the University: Some Reflections on the Rationale for a Christian Participation in Public Education in Africa, in: ATF Bulletin (16) 2003–2004, 5; Ders., ›In the Bible … Africa Walks on Familiar Ground.‹. Why the world needs Africa, in: AICMAR Bulletin. An Evangelical Christian Journal of Contemporary Mission and Research in Africa 6 (2007), 45; Ders., The Emergence of World Christianity and the Remaking of Theology, in: Journal of African Christian Thought 12 (2) 2009, 53.

les pointed naturally to equally backward levels of moral, religious and intellectual development.[60]

Beide Theorien implizieren, dass die höchste Form der Entwicklung entweder in angelsächsisch-protestantischer Zivilisation oder in westlicher, »säkularer« Wissenschaft zu finden ist. Beide, Tylor und Frazer, waren im späten 19. und frühen 20. Jahrhundert verwurzelt und könnten deshalb als obsolet betrachtet werden. Seither hat »westlicher Protestantismus« einen großen Bedeutungsverlust erlebt, in vielen Bereichen verkörpern Christ*innen nur noch eine gesellschaftliche Minderheit. Die am schnellsten wachsende Gruppe in Europa wie in Nordamerika ist diejenige ohne jede Bindung an eine Religionsgemeinschaft.[61] Wissenschaftlicher Fortschritt und ökonomische Macht sind nicht mehr auf den »Westen« beschränkt, sondern schließen aufstrebende Mächte wie China, Indien und andere Schwellenländer ein. Dennoch sind die grundlegenden Muster von Entwicklung und Fortschritt, wie sie im »Westen« definiert wurden, unvermindert gültig, wenngleich auch andere Termini verwendet werden wie »vormodern«, »modern« und »postmodern« oder die Unterscheidung zwischen »entwickelten« und »unterentwickelten« Gesellschaften. Sie beinhalten, dass »nicht-westliche«, »vormoderne« Gesellschaften im Sinne einer nachholenden Entwicklung dem »(post)modernen« und »entwickelten« Paradigma von Fortschritt zu folgen haben. Für Bediako ist die Alternative nicht eine romantische Vorstellung von »happy but poor« primordialen Gesellschaften und Kulturen. Er beobachtet jedoch, dass im Namen von Fortschritt und Entwicklung »westliche« Gesellschaften ihre eigenen »disasters« produziert haben,[62] während Afrikaner*innen und die afrikanische Christenheit sich selbstbewusst entschieden hätten, eigene Wege zu erproben. Dabei korrespondiert die Verlagerung des Schwerpunkts der weltweiten Christenheit mit der Transformation zu einer »Christianity as the Religion of the Poor of the Earth«.[63]

Die damit verbundenen Herausforderungen und Probleme in weiten Teilen

---

[60] Ders., Theology and Identity, 230; siehe auch Ders., Biblical Christologies in the Context of African Traditional Religion, 85; Ders., Epilogue, 242–243; Ders., ›Why Has the Summer Ended and We Are Not Saved?‹, 6.

[61] Siehe z. B. Pew Research Center Religion & Public Life (Hg.), America's Changing Religious Landscape. Christians Decline Sharply as Share of Population: Unaffiliated and Other Faiths Continue to Grow, Washington 2015. Online: www.pewforum.org/2015/05/12/americas-changing-religious-landscape/pf_15–05–05_rls2_1_310px/.

[62] Bediako verwendet diese Wortwahl im Blick auf das ›Christendom‹-Erbe in: Ders., Africa and Christianity on the Threshold of the Third Millennium, 316; zu seiner Kritik der Aufklärung siehe unten.

[63] Ders., Christianity in Africa, 126–149.

Afrikas sind jedoch überwältigend: eine ständig wachsende Kluft zwischen den Reichen und den Armen, Ausbeutung und Unterdrückung durch skrupellose Eliten, ökologische Katastrophen, Korruption, Kriege usw.. Ein abstraktes Wirtschaftswachstum und in monetären Zahlen gemessene Entwicklung verschärfen diese Probleme. Bediako bietet keine politische und ökonomische Analyse an. Sein Beitrag ist die Vision einer Kirche, die transformativ wirken kann, weil sie ihrem einzigartigen und universalen Herrn, dem »Servant Lord«, dient. Ausgehend von der Erfahrung einer dynamischen Kirche in Afrika beansprucht er einen Raum, der über den afrikanischen Kontinent hinausweist. Er tut dies aber, indem er ein christologisches Kriterium der Unterscheidung für die Spannungsfelder nennt, in welchen sich europäische und afrikanische Christ*innen befinden: in Europa das Dilemma eines in die Privatsphäre zurückgedrängten christlichen Zeugnisses und eines wachsenden Fundamentalismus, in Afrika die Versuchungen eines Wohlstandsevangeliums und eines triumphalistischen Missionsverständnisses. In Jesus Christus erkennt er

> the threefold paradigm of divine vulnerability, the will to redemptive suffering and reconciling love, not as abstract notions, but as concrete events and deeds in a human life, and achieved in ways which Christian faith reads as expressive of the divine nature itself.[64]

»Religion« und »Säkularisierung«

Bediakos kritische Beurteilung der schwindenden Rolle von Religion in Europa, die er mit Walls, Newbigin und anderen teilt, erfordert eine differenzierende Betrachtung. Bediako sieht »das Zerbröseln der letzten Überreste« der Vorstellung eines territorialen Christentums in der weltweiten Christenheit[65] als einen notwendigen Prozess. Zugleich hält er fest, ein Post-Christentum in Gestalt von »secularity as an ideological posture [...] need not be accepted as a necessary accompaniment of modernity«.[66] Er sieht ebenso neue Möglichkeiten, heute christliche Theologie zu treiben, in dem, was er beschreibt als »post-modernist rejection of the Enlightenment in the West – the resurgence of the phenomenon

---

[64] Ders., ›How is Jesus Christ Lord?‹ – Aspects of an Evangelical Christian Apologetics in the Context of African Religious Pluralism, in: Exchange – Journal of Missiological and Ecumenical Research 25 (1) 1996, 37.

[65] Ders., Epilogue, 243. Original: »the crumbling of the last vestiges«.

[66] Ders., The Significance of Modern African Christianity – A Manifesto, 62.

of the occult as well as the various ›quests‹ for spiritual experience and wholeness, even if without explicit reference to God«.[67] Unter Bezug auf Andrew F. Walls, John V. Taylor und Harold Turner gebraucht er das Konzept der »Primal Religion as the Substructure of Christianity«[68], um darauf hinzuweisen, dass unter einer »säkularen« Oberfläche Religion nach wie vor auch in Europa sehr lebendig ist, so wie die Aneignung des christlichen Glaubens an unterschiedlichsten Orten der Welt »conversion *within* primal religion, rather than conversion *from* it« bedeutete.[69]

Das Konzept der Primal Religion/Primären Religion[70] und Primal World View ist dann kritisch zu kommentieren, wenn es eine Art universaler Religion nahelegt und die historisch kontingenten Besonderheiten und die Diversität von Glaubensweisen und Praktiken essentialisierend übergeht. Es wirft jedoch die begründete Frage auf, ob »religiöse« Dimensionen des Lebens Teil der conditio humana sind. Dies wird bestritten oder als subjektiv-spekulative Frage verworfen, wo Wissenschaft sich als grundsätzlich »säkular« versteht. Das Problem ist allerdings wiederum mit Sprache verbunden. Wenn afrikanische Autor*innen betonen, »Africans are notoriously religious«,[71] dann setzen sie ein sehr weites Verständnis von »Religion« voraus, während europäische Kirchen- und Religionssoziologie in der Regel von einer engen Definition ausgeht, die gekennzeichnet ist von einem abgegrenzten gesellschaftlichen Funktionsbereich, von religiösen Institutionen, von Glaubensaussagen und von der Beteiligung an religiösen Gemeinschaftsformen und Ritualen.

Empirische Untersuchungen bestätigen in der Tat, dass traditionelle Formen des religiösen Lebens in vielen europäischen Ländern deutlich an Bedeutung verloren haben.[72] Doch zugleich wird die »Säkularisierungsthese« auch in

---

[67] Ders., Jesus and the Gospel in Africa, 59–60.
[68] Siehe Ders., Primal Religion As the Substructure of Christianity. Thoughts on the Nature of the Project, in: Journal of African Christian Thought 11 (2) 2008, 3–4; Andrew F. Walls, Primal Religion As the Substructure of Christianity. Thoughts on the Background to the Project, in: Journal of African Christian Thought 11 (2) 2008, 1; Ders., Primal Religion As the Substructure of Christianity. The Background to the Project and the Term ›Primal‹, in: Journal of African Christian Thought 12 (1) 2009, 2.
[69] Ders., Primal Religion As the Substructure of Christianity, 2009, 2.
[70] Im deutschen Sprachraum, mit Akzentunterschieden zum angelsächsischen Ansatz, von Theo Sundermeier vertreten, z. B. in: Ders., Nur gemeinsam können wir leben. Das Menschenbild schwarzafrikanischer Religionen. Gütersloh 1988, 275–276; Ders., Aus einer Quelle schöpfen wir. Von Afrikanern lernen. Gütersloh 1992, 52; Ders., Was ist Religion? Religionswissenschaft im theologischen Kontext. Gütersloh 1999, 34–42.
[71] John S. Mbiti, African Religions and Philosophy. Oxford 1969, 1.
[72] Siehe Evangelische Kirche in Deutschland (Hg.), Engagement und Indifferenz – Kirchenmitgliedschaft als soziale Praxis. V. EKD-Erhebung über Kirchenmitgliedschaft. Hannover 2014; Forschungsgruppe

Europa kontrovers diskutiert:[73] Zum einen ist Europa religiös ein in hohem Maß diverser Kontinent. »Säkulare« Entwicklungen hängen von einer Vielzahl von historischen, politischen, sozialen und kulturellen Faktoren ab. Es gibt kein universales Muster.[74] Zum anderen können aktuelle Entwicklungen, wenn zusätzliche Kategorien wie »populäre Religion« und »populäre Spiritualität« eingebracht werden, auch als »Transformationen von Religion« beschrieben werden.[75] Diese schließen »subjektive Transzendenz-Erfahrungen«, von populärer Kultur geprägte Formen und Inhalte und die Verwischung der Unterschiede zwischen dem »Religiösen« und dem »Nicht-Religiösen« ein.[76] Wenn sich empirische Untersuchen auf die Erfahrungen von Menschen beziehen und nicht auf kodifizierte Glaubensaussagen, dann bestätigt eine Mehrheit in Deutschland »theistische« Erfahrungen in Verbindung mit Gebet und Meditation und mit »paranormalen«, außergewöhnlichen Erfahrungen.[77] Diese Ergebnisse kommen Bediakos Beobachtungen aus afrikanischer Perspektive nahe und liefern Anknüpfungspunkte für ein interkontextuelles Gespräch.

Die Ambiguität des Erbes der Aufklärung

In europäischem Selbstverständnis gilt »die Aufklärung« als eine der größten Errungenschaften in der Geschichte, »der Ausgang des Menschen aus seiner selbstverschuldeten Unmündigkeit« in Kants Definition aus dem Jahr 1784. In vielen Debatten markiert »die Aufklärung« ein entscheidendes Stadium der Uni-

---

Weltanschauungen in Deutschland (Hg.), Woran glauben die Deutschen in Westdeutschland. Vergleich 1986 und 2012 (2013); online: http://fowid.de/fileadmin/datenarchiv/Religionszugehörigkeit/Woran_glauben_die_Deutschen.pdf; Doris Kochanek, Woran wir glauben. Die Mehrheit der Deutschen glaubt. Dabei lässt sie sich aber nicht vorschreiben, an was. Reader's Digest 2005; online: www.rdpresse.de/pressemitteilungen/magazin-readers-digest/glauebige-deutsche-emanzipieren-sich-von-der-kirche/0503-glaube-d.pdf/at-download/file; Bertelsmann Stiftung (Hg.), Religionsmonitor 2013 verstehen was verbindet. Religion und Zusammenhalt in Deutschland. Die wichtigsten Ergebnisse im Überblick. Gütersloh 2013; online: www.bertelsmann-stiftung-de/fileadmin/files/BSt/Publikationen/GrauePublikationen/Studie-Religionsmonitor_2013.pdf.

[73] Siehe z. B. Detlef Pollack, Säkularisierung – ein moderner Mythos? Studien zum religiösen Wandel in Deutschland. Tübingen 2003; José Casanova, Europas Angst vor der Religion, Berlin 2009¹; Charles Taylor, Für einen neuen Säkularismus, in: Transit. Europäische Revue 39, 2010, S. 5–18.

[74] Detlef Pollack, Religion in der Moderne. Ein internationaler Vergleich. Frankfurt am Main 2015.

[75] Siehe z. B. Hubert Knoblauch, Populäre Religion. Auf dem Weg in eine spirituelle Gesellschaft. Frankfurt/M./ New York 2009.

[76] A.a.O. 15–41.

[77] A.a.O. 154–156.163–166.

Interkulturelle Theologie

2018
44. Jahrgang

Zeitschrift für Missionswissenschaft

Herausgeber

Die *Interkulturelle Theologie – Zeitschrift für Missionswissenschaft* wird in Fortführung des *Evangelischen Missions-Magazins* (seit 1916), der *Evangelischen Missions-Zeitschrift* und der *Zeitschrift für Mission* herausgegeben von der Deutschen Gesellschaft für Missionswissenschaft und Basler Mission.

Redaktion

Prof. Dr. Ulrich Dehn (Chefredakteur)
Fb Evangelische Theologie der Universität Hamburg, Gorch-Fock-Wall 7, #6,
D-20354 Hamburg, ulrich.dehn@uni-hamburg.de

Prof. Dr. Andreas Heuser (Forum Junge Forschung)
Theologische Fakultät der Universität Basel, Nadelberg 10, CH-4051 Basel,
andreas.heuser@unibas.ch

Prof. Dr. Klaus Hock (bis Februar 2018) (Rezensionen)
Theologische Fakultät der Universität Rostock, D-18051 Rostock,
klaus.hock@uni-rostock.de

Prof. Dr. Claudia Jahnel (Rezensionen)
Ev.-theol. Fakultät der Ruhr-Universität Bochum, Universitätsstr. 150, D-44780 Bochum,
claudia.jahnel@rub.de

Dr. Katrin Kusmierz (Berichte und Dokumentationen)
Theologische Fakultät der Universität Bern, Länggassstr. 51, CH-3012 Bern,
katrin.kusmierz@theol.unibe.ch

Prof. Dr. Heike Walz (Rezensionen)
Augustana-Hochschule, Waldstr. 11, D-91564 Neuendettelsau, heike.walz@augustana.de

Verlage

Evangelische Verlagsanstalt Leipzig / Basileia-Verlag Basel

ISSN 1867–5492

EVANGELISCHE VERLAGSANSTALT
Leipzig

BASILEIA VERLAG
Basel

INHALT 2018

Biblische Perspektiven

Jesaja ist Punk (zu Jes. 55,2), Andreas Köhler-Andereggen 4

»Denn wir haben hier keine bleibende Stadt« (Hebr. 13,14), Ulrich Dehn. 144

Aufsätze

Babatunde Adedibu: Mission Out Of Africa: The Case of the Redeemed Christian Church of God in the United Kingdom. 6

Heinrich Balz: Weltchristentum, Mission und Theologie – Neuaufbrüche und Relektüren 280

Meiken Antje Buchholz: Chinesisch auf den zweiten Blick – Kontextualisierungsprozesse am Beispiel von Pekinger Predigten der Gegenwart. 24

Bernhard Dinkelaker: Kwame Bediako als interkontextueller Theologe – ein europäischer Blick auf sein Erbe 342

José Ignacio González Faus, SJ: »Wie zartkosend machst du mich verliebt!« Auf dem Weg zu einer Mystik der Befreiung 48

Moritz Fischer: »In and out of Africa«: Transnationale Pfingstkirche Nzambe-Malamu mit migratorischen Verflechtungen und missionarischer Strategie 149

Verena Grüter: Unerhörte Stimmen – Körperklänge als religiöse Performance 74

Thomas K. Gugler: Pakistanische Prediger – Die islamische Missionsbewegung Daʿwat-e Islāmī. 217

Dimitrios Keramidas: New challenges for the Orthodox mission after the Pan-Orthodox Council of Crete (2016) 184

Miranda Klaver: Church Planting in the Media Age: Hillsong Church 234

Martin Repp: Wie steht es um das Heil der Ahnen? Eine alte Frage neu aufgerollt 300

Dana L. Robert: From »Give Us Friends" to »Other Sheep I Have«: Transnational Friendship and Edinburgh 1910 196

Ulrich Schöntube: Die globale Geschichte der Bethlehemskirche – Der Einfluss Johannes Jänickes auf Karl Gützlaff 322

Michael Sievernich: Römisch-katholische Missionsbewegungen 247

Wilhelmus Valkenberg: Mission by Service: the Hizmet Movement. 167

Berichte und Dokumentationen

Legends and Silences: an old mission archivist reflects on the dynamics we need in mission and church history (Paul Jenkins) 89

Neues »Ökumenisches Netzwerk für Theologische Ausbildung« (REET) in Argentinien *(Heike Walz)* 105

»Musik in interreligiösen Begegnungen« – Jahrestagung der Schweizerischen Theologischen Gesellschaft vom 21. bis 23. 9. 2017 im Landgut Castelen, Augst *(Verena Grüter)* 264

»Moving in the Spirit: called to transforming discipleship«. Die Weltmissionskonferenz in Arusha/Tansania vom 8. bis 13. März 2018 *(Claudia Jahnel)* 369

Advocacy und Mission – Eintreten für Gerechtigkeit, Frieden und Bewahrung der Schöpfung im Kontext der Mitgliedskirchen der Vereinten Evangelischen Mission auf dem Hintergrund von globalen Entwicklungen und ökumenischen Trends von 1993 bis heute *(Jochen Motte)* 380

Rezensionsartikel

Birgit Herppich, Pitfalls of Trained Incapacity. The Unintended Effects of Integral Missionary Training in the Basel Mission on Its Early Work in Ghana (1828-1840) (=American Society of Missiology Monograph: No. 26), Pickwick Publications 2016 *(Paul Jenkins)* 114

Stiftung Deutsches Historisches Museum (Hg.), Deutscher Kolonialismus. Fragmente seiner Geschichte und Gegenwart, Darmstadt 2017 *(Heinrich Balz)* 119

Rezensionen

Theodor Ahrens/Werner Kahl (Hg.), GegenGewalt – Ökumenische Bewährungsfelder, Leipzig 2012 *(Ulrich Dehn)* 127

Chen Yongtao, The Chinese Christology of T.C. Chao (=Theology and mission in world Christianity, volume 3), Leiden/Boston 2017 *(Christian Meyer)* 268

William A. Dyrness, Senses of Devotion: Interfaith Aesthetics in Buddhist and Muslim Communities (= Arts for Faith's Sake 7), Eugene/OR 2013 (Friedemann Walldorf) 128

Jean-Georges Gantenbein, Mission en Europe. Une étude missiologique pour le XXIe siécle (= Studia oecumenica Friburgensia 72, Münster 2016 *(Heinrich Balz)* 272

Klaus Hock (Hg.), The Power of Interpretation: Imagined Authenticity – Appropriated Identity. Conflicting Discourses on New Forms of African Christianity, Wiesbaden 2016 *(Adrian Hermann)* 130

Udo S. Küsel, Africa Calling. A Cultural-History of the Hermannsburg Mission and its Descendants in South Africa, Magalieskruien 2017 *(Ulrich van der Heyden)* 404

Jonas Licht, Zwischen Kreuz und Hakenkreuz. Missionswissenschaftliche Zeitschriften in der Zeit des Nationalsozialismus (=Akzente Interkultureller Theologie), Hamburg 2017 *(Elmar Spohn)* 272

LVR-Fachbereich Regionale Kulturarbeit/Museumsberatung, Köln & LWL-Museumsamt
für Westfalen, Münster (Hrsg.): Missionsgeschichtliche Sammlungen heute.
Beiträge einer Tagung, Siegburg 2017 *(Ulrich van der Heyden)* 402

Terry C. Muck, Harold A. Netland, Gerald R. McDermott (Editors), Handbook of Religion:
A Christian Engagement with Traditions, Teachings and Practices,
Grand Rapids 2014 *(Friedemann Walldorf)* 406

Motoo Nakamichi, Ein Wiedersehen im Himmel. Die Inkulturation der christlichen
Beerdigungsliturgie in Japan, Neuendettelsau 2011 *(Ulrich Dehn)* 133

Anna D. Quaas, Transnationale Pfingstkirchen. Christ Apostolic Church und
Redeemed Christian Church of God. Frankfurt a. M. 2011 *(Moritz Fischer)* 409

Ina Wunn/Beate Schneider (Hg.), Das Gewaltpotenzial der Religionen, Stuttgart 2015
(Ulrich Dehn) 134

versalgeschichte. Gesellschaften und Kulturen werden deshalb häufig unterschieden nach solchen, die die Aufklärung bereits hinter sich haben, und anderen, die noch nicht »aufgeklärt« sind und deshalb diese Entwicklung nachholen müssen.

Für Bediako kennzeichnet der Terminus *Enlightenment* dagegen die Überhöhung der Vernunft gegenüber der Offenbarung, des autonomen Individuums gegenüber der Gemeinschaft, der Gegenwart und sogenannten Moderne gegenüber der Vergangenheit und der Tradition.[78] In der Geschichte hatte dies »the wholesale demonisation of our culture« zur Folge.[79] Das Projekt der Aufklärung vernebelte das Verständnis der »primal substructure, which is not to be dismissed as ›pagan‹«,[80] und minimierte Erfahrungen der Transzendenz. Eine von der Aufklärung geformte Intellektualität ist deshalb »unable to adequately understand the religious character of the world Christianity beyond the West«.[81] Der «wirkliche Schaden«, der Bediako zufolge durch die Aufklärung angerichtet wurde, ist die Trennung von Wissen und Charakter, von intellektueller Entwicklung und spirituellem Wachstum, die Verfolgung einer Erkenntnistheorie, die nicht ganzheitlich ist.[82] Seine Kritik richtet sich gegen theologische Forschung und Lehre im geistigen Klima säkularer Universitäten[83] ebenso wie gegen evangelikale theologische Hochschulen in den USA.[84] Dennoch möchte er ein »us and them«-Syndrom vermeiden.[85] Es ist sein Interesse aufzuzeigen, dass eine dynamische afrikanische Christenheit nicht abhängig ist von der Erfahrung der europäischen Aufklärung, dass sie vielmehr etwas zu bieten hat für das, was im Gefolge der Aufklärung verloren gegangen ist.

Bediakos pointierte Sichtweise ist ernstzunehmen, der Terminus und das Konzept »Aufklärung« erfordern jedoch eine differenzierende kritische Über-

---

[78] Vgl. Bediako, ›In the Bible … Africa Walks on Familiar Ground.‹, 45; Ders., The Emergence of World Christianity and the Remaking of Theology, 53.

[79] Ders., Scripture As the Hermeneutic of Culture and Tradition, 9–10.

[80] Ders., Primal Religion As the Substructure of Christianity, 4.

[81] Ders./Mary Bediako, ›Ebenezer, This Is How Far the Lord Has Helped us‹ (I Samuel 7:12). Reflections on the Institutional Itinerary of Akrofi-Christaller Memorial Centre for Mission Research & Applied Theology (1974–2005). Akropong-Akwapim Mai 2005, 24; siehe auch: Gillian M Bediako, Christian Universality, Christian Scholarship and Institution Building – Kwame Bediako on a Vision in Process, in: Gillian Mary Bediako/Benhardt Y. Quarshie u.a. (Hg.), Seeing New Facets of the Diamond 2014, 363.

[82] Kwame Bediako, The African Renaissance and Theological Reconstruction: The Challenge of the Twenty-First Century, in: Journal of African Christian Thought 4 (2) 2001, 32.

[83] Ders., A Half Century of African Christian Thought, 8.

[84] Siehe Ders., World Evangelisation, Institutional Evangelicalism and the Future of the Christian World Mission, in: Vinay Samuel and Albrecht Hauser (Hg.), Proclaiming Christ in Christ's Way – Studies in Integral Evangelism. Oxford 1989.

[85] Ders., The Significance of Modern African Christianity – A Manifesto, 59.

prüfung. Sowohl Kritiker*innen als auch Apologet*innen der Aufklärung neigen dazu, ein Konzept und eine Bewegung zu reifizieren, die durch Facettenreichtum und Ambiguität gekennzeichnet ist. Die *Aufklärung* in Deutschland, *Les Lumières* in Frankreich und *the Enlightenment* in Großbritannien wiesen deutliche Unterschiede auf.[86] In allen Regionen gab es rationalistische und antiklerikale Strömungen, doch Pietismus und evangelikale Erweckungsbewegung waren ebenso Teil und Ausdrucksform der »Aufklärung«.[87] Ein Dialog über das Erbe der Aufklärung erfordert, ihre Errungenschaften anzuerkennen. Neben dem wissenschaftlichen Fortschritt gehört dazu unverzichtbar der Einsatz für eine Kultur der Toleranz, des Friedens und der Gewissensfreiheit in Europa. Doch ebenso notwendig ist eine Analyse der problematischen, zerstörerischen Auswirkungen. Diese Debatte wurde und wird auch in einem europäischen und globalen Diskurs geführt, in säkularen Wissenschaften ebenso wie in der Theologie.

Angesichts der Erfahrung des Faschismus diagnostizierten Horkheimer und Adorno die völlige Selbstzerstörung der Aufklärung, eine Preisgabe ihres kritischen Elements durch die Beschränkung auf reine Fakten und Wahrscheinlichkeitskalkulationen.[88] Michel Foucault verwirft den Gedanken einer Kontinuität der Vernunft und ersetzt ihn durch die fundamentale Ungewissheit und Fragilität von Geschichte.[89] Diese Autoren plädieren allerdings dafür, ein Ethos kritischer Reflexion wiederzugewinnen. Postkoloniale Kritiker*innen hingegen richten den Fokus auf Kolonialismus und Imperialismus.[90] Sie diskutieren, ob und in welcher Weise die für die Aufklärung kennzeichnenden Kategorien von Vernunft, Wissenschaft und Fortschritt unauflösbar mit der Vorstellung der Minderwertigkeit der nicht-europäischen Welt verbunden sind.[91] Philosophen der Aufklärung wie Kant, Montesquieu und Hegel betrachteten Afrikaner*innen als

---

[86] Siehe Michel Foucault, Was ist Kritik?, Berlin 1992, 20–22; Brian Stanley, Christian Missions and the Enlightenment: a Reevaluation, in: Brian Stanley (Hg.), Christian Missions and the Enlightenment. Grand Rapids/Richmond, 2001.

[87] Siehe David Jacobus Bosch, Transforming Mission. Paradigm Shifts in Theology of Mission, Maryknoll 1991, 344; ebenso Stanley, Christian Missions and the Enlightenment, 2; Andrew F. Walls, The Eighteenth-Century Protestant Missionary Awakening in Its European Context, in: Brian Stanley (Hg.), Christian Missions and the Enlightenment 2001, 30.

[88] Max Horkheimer/Theodor W. Adorno, Dialektik der Aufklärung. Philosophische Fragmente. Frankfurt a.M. 2012, x.1–3.

[89] Ralf Konersmann, Der Philosoph mit der Maske, Frankfurt a.M. 1991, 90–91.

[90] Siehe z. B. Nikita Dhawan, Affirmative Sabotage of the Master's Tools: The Paradox of Postcolonial Enlightenment, in: Ders. (Hg.), Decolonizing Enlightenment. Transnational Justice, Human Rights and Democracy in a Postcolonial World. Leverkusen, 2014, 19–78.

[91] A.a.O. 25–30.

unzivilisierte Wilde und stellten in Frage, ob es sich bei ihnen überhaupt um Menschen handelte.[92] Dennoch halten postkoloniale Protagonist*innen an wesentlichen Forderungen der Aufklärung fest, um sich wichtige Merkmale anzueignen. So bemerkt Gayatri Spivak: »When oppressed minorities ask for civil rights and political rights, they are making a demand within what we call Enlightenment discourse«.[93] Karl Barths theologische Kritik beruht auf seiner Analyse des deutschen Kulturprotestantismus und dessen Gefangenschaft in einer bourgeoisen Weltsicht,[94] welche Christus menschlichen Interessen unterordnete.[95] Seine Theologie beinhaltet eine radikale Infragestellung der Annahme, der Okzident habe die fortschrittlichste Kultur und die höchste Form von Religion hervorgebracht.[96]

Diese Beispiele illustrieren Aspekte, die mit Bediakos Aufklärungskritik verknüpft werden können. Dabei darf die facettenreiche Bewegung der Aufklärung nicht verstanden werden als Phase einer Universalgeschichte, die auf »höhere Zivilisationen« zustrebt, sondern als eine spezifische historische Antwort auf gewaltsame und verheerende Jahrhunderte von Religionskriegen und Machtkämpfen in Europa. Dann wird es möglich sein, zwischen der Würdigung ihrer unverzichtbaren Errungenschaften und der Analyse ihrer dunklen Seiten zu differenzieren sowie das Potential zu erkennen, das in ihrer Wahrnehmung und in Einsichten aus afrikanischer Perspektive liegt.

3. Eine polyzentrische Mission und Afrika als »Labor« der Weltchristenheit

Als das Evangelische Missionswerk in Südwestdeutschland (EMS, seit 2012 Evangelische Mission in Solidarität) sich die Transformation einer deutschen Or-

---

[92] Siehe z. B. George Lamming, The Occasion for Speaking, in: Ashcroft/Griffiths u.a. (Hg.): The Post-Colonial Studies Reader, 15.

[93] Dhawan, Affirmative Sabotage of the Master's Tool, 70, zitiert Gayatri C. Spivak, Feminism and Human Rights.

[94] Siehe Karl Barth, Die Protestantische Theologie im 19. Jahrhundert. Ihre Vorgeschichte und ihre Geschichte, Zürich 1981⁴; Helmut Gollwitzer, Einleitung, in: Karl Barth, Kirchliche Dogmatik. Herausgegeben von Helmut Gollwitzer. München/Hamburg 1965, 7–37; Friedrich-Wilhelm Marquardt, Theologie und Sozialismus. Das Beispiel Karl Barths. 3, München 1972; Dieter Schellong, Bürgertum und christliche Religion. Anpassungsprobleme der Theologie seit Schleiermacher. München1975.

[95] Karl Barth, Der Christ in der Gesellschaft, in: Jürgen Moltmann (Hg.), Anfänge der dialektischen Theologie Teil I. Karl Barth, Heinrich Barth, Emil Brunner, München 1966², 5.

[96] Vgl. Gollwitzer, Einleitung in: Barth, Kirchliche Dogmatik, 20.

ganisation in eine internationale Missionsgemeinschaft von gleichberechtigten Mitgliedern in drei Kontinenten zum Ziel setzte, spielte ein Artikel von Kwame Bediako, geschrieben im Jahr 1992, eine wichtige Rolle. Dort plädiert er für ein neues Paradigma. Dieses besagt, der christliche Glaube in südlichen Kontinenten

> does not indicate that Western Christianity has become irrelevant, but that Christianity is really universal. It does not know one centre, but several. [...] the universality of the faith may be pictured as a series of overlapping circles, with peripheries touching centres, so that, in effect, every periphery is a potential centre, and vice versa.[97]

Dieses Bild hat sich als äußert hilfreich erwiesen, indem es vereinfachende Dichotomien und Antagonismen überwinden kann.[98]

›The West and the Rest‹ – Dichotomien überwinden

Eine dieser Dichotomien ist das Denkmuster »The West and the rest«, ausgedrückt in dem »westlichen« Anspruch, normative Universalität zu verkörpern und die Macht zu besitzen, die Welt in »Western value settings« zu definieren. Jacques Derrida beobachtet, dass in europäischer Wissenschaftstradition binäre Gegensätze wie Geist/Materie, Intellekt/Sinne, Kultur/Natur, Essenz/Phänomen, transzendent/empirisch legitimes Wissen konstituieren, damit zugleich Hierarchien zwischen dem Primären und dem Sekundären, dem Essenziellen und dem Abgeleiteten.[99] Naoki Sakai stellt fest, dass kulturelle Differenz, die sich in Gegensätzen wie zum Beispiel Vernunft vs. Aberglaube, Rationalität vs. Abwesenheit von Rationalität, Zukunft vs. Tradition, Säkularismus vs. religiöser Glaube ausdrückt, als Unvergleichbarkeit des »Westens« mit dem »Rest« interpretiert wird[100] und zugleich als Verhältnis von Überlegenheit und Minderwertigkeit. »The West and the rest« wird wahrgenommen als

---

[97] Kwame Bediako, New Paradigms on Ecumenical Cooperation: An African Perspective, in: International Review of Mission 81 (323) 1992, 376.

[98] Vgl. Allen Yeh,: Polycentric Missiology: Twenty-First-Century Mission from Everywhere to Everywhere, Sydney 2016.

[99] Jaques Derrida, Die Schrift als Bedingung der Möglichkeit und der Unmöglichkeit von Sprache, in: Sibylle Krämer (Hg.), Sprache, Sprechakt, Kommunikation. Sprachtheoretische Positionen des 20. Jahrhundert Frankfurt a. M. 2001, 219–220.

[100] Naoki Sakai, Translation, in: Theory, Culture and Society 23 (2–3), 2006, 76.

always the one-and-many opposition. [...] The Rest is simply an accidental assemblage of diverse forms of life. [...] the centrality of the West consists in the polarity of the distribution of ethnic, civilizational and racial comparisons.[101]

Die Reaktion darauf hat sich häufig mit der Gegenthese «the rest against the West» positioniert, indem das Übernatürliche gegen das Natürliche, das Irrationale gegen das Rationale, das Spirituelle gegen das Materielle verteidigt wurde. Der »Rest« bleibt dadurch jedoch Gefangener und Opfer dieser Dichotomie. Diversität geht verloren, Beziehungen bleiben antagonistisch.[102] Notwendig ist eine alternative Sprache, die nicht abstrakt und hierarchisch, sondern relational ist, mit komplementären und durchlässigen Polaritäten, die übersetzbar ist in lokale Sprachen, die geformt wird »by the human struggle to survive in the world«.[103]

Bediako, Walls, Sanneh ebenso wie postkoloniale Theorien haben gezeigt, dass »the West and the rest« in der Tat immer eine Frage von Macht gewesen ist, doch zugleich eine Frage von verwobenen Geschichten, von Brüchen, Widersprüchen und dritten Räumen, von Dynamiken und einer Vielfalt von Akteur*innen, in der afrikanischen Christenheit die lange übersehene Geschichte von lokalen, indigenen Akteur*innen. Zentrum und Peripherie sind nicht statische Antipoden. Wo Menschen ihre Räume einfordern und ihre Würde und kulturelle Identität behaupten, kann eine Peripherie in ein neues Zentrum transformiert werden.

Mission from the Margins[104]

Dies gilt insbesondere für Gottes Gegenwart in den »Überraschungsgeschichten« menschlicher Geschichte, beginnend mit der Inkarnation Gottes in einem entlegenen Winkel des römischen Imperiums. Es gilt ebenso für die Überra-

---

[101] A.a.O. 78.

[102] Wenn Bediako 1995 von ›Christianity in Africa. The Renewal of a Non-Western Religion« schreibt, bewegt er sich noch im Rahmen dieser Dichotomie. Später verwendet er jedoch den Terminus nicht mehr, sondern folgt der sprachlichen Wende von »Christianity in the Non-Western World« zu »World Christianity«.

[103] Robin Horton, Patterns of Thought in Africa and the West. Selected Theoretical Papers in Magic, Religion, and Science, Cambridge/New York 1993, 382; siehe auch Dipesh Chakrabarty, Provincializing Europe. Postcolonial thought and Historical Difference. Princeton, 2000.

[104] Die deutsche Übersetzung «Mission von den Rändern her« gibt semantisch das mit »margins« Angesprochene nur unzureichend wieder.

schungsgeschichte der afrikanischen Christenheit, die zuallerletzt erwartet worden war. Kwame und Gillian M. Bediako haben vor Jahren darauf aufmerksam gemacht, dass der christliche Glaube aufblüht »*on the margins* of the world power and among the poor people of the world«.[105] Ihre Beobachtung hat antizipiert, was die ÖRK-Erklärung zu Mission und Evangelisation »Gemeinsam für das Leben« als zentrale Dimension christlichen Zeugnisses hervorhebt, wenn sie von »Mission from the Margins« spricht.[106] In der Missionsgeschichte wurde »Mission zu/an den Rändern« oder »für die Ränder« oft als wohlmeinende, aber paternalistische »zivilisatorische« Mission verstanden, oder im Sinne von Evangelisationsstrategien.[107] »Mission from the Margins« erkennt an, dass der Heilige Geist bereits vor der Ankunft von Missionar*innen von außerhalb am Werk ist,[108] und sie sieht die Menschen vor Ort als Akteur*innen in Gottes Mission. Dennoch kann «Mission from the Margins« gefangen bleiben in einer globalen Zentrum-Peripherie-Dichotomie. Auf der Weltmissionskonferenz in Arusha, Tansania, im März 2018 wehrten sich Teilnehmende aus Afrika und China dagegen, durch andere aus den globalen Machtzentren als »marginalisiert« definiert zu werden. Die Rede von »Empowerment« bleibt häufig dem Paradigma verhaftet, «für die Marginalisierten« in ihrer Rolle als Empfänger*innen zu sprechen,[109] während Ermächtigung durch Gott in den überraschenden Wendungen der Geschichte geschieht wie zum Beispiel im Magnifikat (Lk 1,46–56). Bediakos Paradigma einer polyzentrischen Mission kann den Weg zu einem Verständnis öffnen, bei dem in überlappenden Kreisen jede Peripherie zu einem Zentrum werden kann, und jedes Zentrum zur Peripherie eines anderen Kreises. Die »margins« kennzeichnen dann Grenzräume, in denen sich durch die ganze Missionsgeschichte hindurch die wirklichen Überraschungsgeschichten ereignet haben.[110]

---

[105] Gillian M. Bediako, Indigenous Knowledge Systems as Intellectual and Spiritual Resource 2006, 28 (Hervorhebung von mir); siehe auch Bediako, Christianity in Africa, 126–151.

[106] World Council of Churches (Hg.) Together Towards Life: Mission and Evangelism in Changing Landscapes. Genf, 2013 Online: https://www.oikoumene.org/en/resources/publications/Togethertowards-Life_SAMPLE.pdf (22.05.2018).

[107] Siehe zum Beispiel Bediakos Kritik an Donald McGavrans Strategie des »Church Planting« in: Ders., World Evangelisation, 58.

[108] Vgl. Ders., ›Missionaries Did not Bring Christ to Africa – Christ Brought Them.‹ Why Africa Needs Jesus Christ, in: AICMAR Bulletin. An Evangelical Christian Journal of Contemporary Mission and Research in Africa 2007, 17–31.

[109] Vgl. Gayatri Chakravorty Spivak, Can the Subaltern Speak?, in: Ashcroft/Griffiths u.a. (Hg.), The Post-Colonial Studies Reader, 24–28.

[110] Vgl. Andrew F Walls, The Cross-Cultural Process in Christian History. Studies in the Transmission and Appropriation of Faith. Maryknoll 2002.

Afrika als «Labor» für christliches Zeugnis

Interkontextuelle Mission kann jedoch nicht heißen, dass afrikanische Christ*innen umgekehrt das Projekt einer Mission »an Europa« (*reverse mission to Europe*) verfolgen. Christentum in Afrika kann aber als »Labor« dienen. Bediako versteht Entwicklungen in der afrikanischen Christenheit als die »Geburtswehen eines neuen Lebens«, die ein »authentisches christliches Leben« hervorbringen, doch ebenso »Verfälschungen, Verirrungen und Verzerrungen«.[111] Jedoch gilt für die Menschheitsgeschichte: »God has entrusted the future of his church to a most unlikely body of people, to ill-rated and marginalised people«, wie zum Beispiel »fickle Galatians, immoral Corinthians, superstitious Athenians, [...] following the fall of Rome: ›barbarians‹ [...] in our time: southern continents«.[112] Die Gegenwart ist deshalb ein Kairos, und afrikanische Theolog*innen können einen besonderen Beitrag leisten, denn »[they] have recaptured the character of theology as Christian intellectual activity on the frontier with the non-Christian world«.[113] »Mother tongues [...] producing new theological idioms will play a critical role in opening up fresh insights into the common deposit of Christian tradition«.[114] Für die Erneuerung von Theologie in einer veränderten christlichen Welt erkennt Bediako »opportunities and challenges for Christian theology that are not generally available in the Western context«.[115] Er nennt drei Anliegen im Blick auf eine notwendige Neuorientierung:[116] 1. die Wiedergewinnung der religiösen Dimension von Theologie und christlichem Zeugnis in Beziehung zu anderen religiösen Geltungsansprüchen, in der selbstverständlichen Verpflichtung auf Frieden und Verständigung in der Gesellschaft; 2. die Bedeutung einer lebhaften, dynamischen Kirche, um Theologie praxisbezogen zu treiben (*doing theology*), sowie von diversen christlichen Ausdrucksformen im »Globalen Süden«, »where the Transcendent impinges upon everyday human existence«;[117] 3. die Wiedergewinnung der früheren Einheit von Theologie und Spiritualität im öffentlichen Diskurs, in dem die Theologie im Dialog mit säkularen Wissenschaften ihre eigene Sprache

---

[111] Bediako, The African Renaissance and Theological Reconstruction, 29. Original: »birth pangs of the new life«, »genuine Christian life«, »counterfeit, aberration and distortion«.
[112] A.a.O.
[113] Ders., Understanding African Theology in the 20th Century, 68.
[114] Ders., A Half Century of African Christian Thought, 6.
[115] Ders., The Emergence of World Christianity and the Remaking of Theology, 52.
[116] A.a.O. 52–54.
[117] A.a.O. 53.

einbringen kann.[118] Dies ist ein Angebot, in einen interkontextuellen Diskurs mit neuen Fragen und Perspektiven einzutreten.

Die europäische religiöse Landschaft hat sich allerdings ebenso stark verändert. Neoliberale Globalisierung und Migration haben Gesellschaften transformiert, der »Globale Norden« und der »Globale Süden« sind unauflöslich miteinander verwoben. Eine dynamische Pluralität von Kulturen, Religionen und christlichen Ausdrucksformen ist überall zu finden, wenngleich global in wachsendem Maß konfrontiert mit autokratischen, Minderheiten ausgrenzenden Regimen. »Das christliche Zeugnis in einer multi-religiösen Welt«[119] beschreibt als programmatischer Titel der gleichnamigen ökumenischen Erklärung gemeinsame Herausforderungen und Chancen in Europa wie in Afrika und verlangt geradezu nach einem interkontextuellen Austausch in einer polyzentrischen Mission.

Schluss

Ich habe Kwame Bediako als einen »Weltchristen« porträtiert, der im globalen theologischen Diskurs den Anspruch erhebt, als afrikanische Stimme wahrgenommen zu werden. Aus einer europäischen Perspektive habe ich drei Themenbereiche skizziert, zu denen Bediako zwischen 1980 und seinem Tod vor 10 Jahren Thesen und Reflexionen vorgelegt hat, die eine unerledigte Agenda beschreiben:

1. Die komplexe Beziehung von Theologie, Kultur, Sprache und Übersetzung, und die Macht der Sprache im Besonderen: Jede interkontextuelle Begegnung erfordert eine hohe Sensibilität in dieser Hinsicht. Muttersprachliche theologische Arbeiten und eine multilinguale Hermeneutik eröffnen neue Einsichten und sind wichtige Instrumente, um ethnozentrische Konzepte in einem globalen Diskurs zu überwinden, der von globalen Sprachen bestimmt wird, welche für eine große Mehrheit nicht die Sprache des Herzens ist.

2. Die Wirkungen von dominanten Vorstellungen von »Entwicklung« und »Fortschritt«, von »Religion«, »Säkularisierung« und »Aufklärung«: Not-

---

[118] A.a.O. 54.

[119] World Council of Churches; Pontifical Council for Interreligious Dialogue; World Evangelical Alliance (Hg.), Christian Witness in a Multi-Religious World. Recommendations for Conduct. Genf 2011. Online: https://www.oikoumene.org/en/resources/documents/wcc-programmes/interreligious-dialogue-and-cooperation/christian-identity-in-pluralistic-societies/christian-witness-in-a-multi-religious-world (24.08.2015).

wendig ist die Überwindung aller Konzepte der Überlegenheit und Minderwertigkeit, der Dominanz und Unterwerfung in der Interpretation von »Europa« und »Afrika«. Dies geschieht dadurch, dass die Historizität aller Theorien und Argumentationen in ihren jeweiligen Kontexten reflektiert und gewürdigt wird. Erforderlich ist dafür die Entwicklung einer Kultur des respektvollen Hinhörens und Teilens in allen interkontextuellen Begegnungen mit dem Ziel zu unterscheiden, was ein kontext- und evangeliumsgemäßes christliches Zeugnis fördert und was ihm widerspricht.

3. Das Paradigma einer polyzentrischen Mission, die Herausforderungen und Chancen multipler Zentren und Peripherien: Notwendig ist die Überwindung der Dichotomie zwischen dem »Westen« und dem »Rest« aus beiden Perspektiven. Es geht darum, die Machtverhältnisse und zugleich die Überraschungsgeschichten »on the margins« wahrzunehmen. Wir müssen die dramatischen Veränderungen anerkennen, die sich sowohl in Afrika als auch in Europa ereignet haben. Und wir müssen das Potenzial des Beitrags erkennen, den eine dynamische afrikanische Christenheit leisten kann, ohne damit die unterschiedlichen Erfahrungen eines christlichen Zeugnisses in Europa klein zu reden.

Kwame Bediako hat in einer originellen und leidenschaftlichen Weise Fragen aufgeworfen, die Europäer*innen ebenso wie Afrikaner*innen herausfordern. Früh verstorben hat er die Aufgabe, sich interkontextuell auseinanderzusetzen und um Antworten zu ringen, der Generation nach ihm überlassen, umso mehr, als alle Gesellschaften und Kulturen dynamisch sind und sich kontinuierlich verändern. Den Machtbeziehungen in einer globalisierten Welt, dem Bedeutungsverlust von »Religion« und Theologie im wissenschaftlichen Diskurs, dem Fundamentalismus in unterschiedlichem Gewand und den Versuchungen der Macht in neuen religiösen Bewegungen begegnet er mit der simplen Frage: »How Is Jesus Christ Lord?«. Seine Schlussfolgerung gilt für jeden Kontext global: »Authentic Christian apologetics [...] implies providing, in Christ-like humility and in Christ-like vulnerability, the conditions that make it possible for others to perceive and recognise Jesus as Christ the Lord«.[120]

(Dr. Bernhard Dinkelaker war bis zu seiner Pensionierung Generalsekretär des Evangelischen Missionswerks in Südwestdeutschland / der Evangelischen Mission in Solidarität (Stuttgart))

---

[120] Bediako, ›How is Jesus Christ Lord?‹, 41.

ABSTRACT

The article portrays the Ghanaian theologian Kwame Bediako (1945–2008) as a protagonist of an intercontextual theology and as an important African voice in the global theological discourse. Bediako is an African theologian who through his encounter with Jesus Christ found his African roots and who distinguishes himself by a profound understanding of the Gospel and culture relationship. The article identifies three areas where Bediako offers challenging insights in encounters with ›Western‹ theology: i. the Concept of ›Incarnation as Translation‹, the ambiguity of language and power, and the potential of multilingual hermeneutics; ii. the debate on development and progress, on ›religion‹ and ›secularisation‹, and on the ambiguous Enlightenment legacy; iii. the paradigm of a polycentric mission, overcoming the dichotomy of ›the West and the rest‹ and anticipating the concept of ›Mission from the Margins‹, claiming a space for Africa as ›laboratory‹ for World Christianity. Bediako raises issues of an unfinished agenda for both Africans and Europeans.

»Moving in the Spirit: called to transforming discipleship«

Die Weltmissionskonferenz in Arusha/Tansania vom 8. bis 13. März 2018

Claudia Jahnel

Eine »Ökumenische Konferenz«: Begegnung in der Vielfalt als Zentrum von Mission

Eine ökumenische Konferenz solle Arusha werden, so heißt es in dem »Tentative Proposal«, das das Zentralkomitee des Ökumenischen Rats der Kirchen (ÖRK) auf seiner Sitzung in Trondheim im Juni 2016 veröffentlichte. VertreterInnen verschiedenster Konfessionen, viele junge Menschen und annähernd 50 % Frauen sollten teilnehmen. Außerdem sei geplant, dass viele Vorträge, Bibelarbeiten und andere Beiträge von Afrikanerinnen und Afrikanern gehalten würden.

Dieses Ziel hat die Weltmissionskonferenz (WMK), die im März 2018 in Arusha tagte, in der Tat erreicht: Unter den 1024 Teilnehmenden waren 419 Frauen und 128 VertreterInnen der Jugend, und das Spektrum der vertretenen Konfessionen umfasste neben den »mainline« protestantischen und orthodoxen Kirchen sowie der katholischen Kirche auch zahlreiche Angehörige von Pfingstkirchen.

Die große ökumenische und internationale Vielfalt der Teilnehmenden spiegelte sich in der Vielfalt der Stimmen, die in den verschiedenen Formaten, die der Konferenz ihre Struktur gaben, zu Wort kamen: in Andachten, Bibelarbeiten, Impulsvorträgen mit anschließenden Referaten, die auf die Impulse reagierten, thematischen Podiumsgesprächen, Gesprächen in Tischgruppen, themenspezifischen Warshas (das Kiswahili-Wort für Workshop) und Sokonis (eine Art Markt der Möglichkeiten, auf dem sich einmal die jungen Teilnehmenden und einmal Frauen mit Themen und Angeboten präsentierten).

Diese Vielfalt war und ist bemerkenswert, wenn man bedenkt, dass an der ersten WMK in Edinburgh 1910 fast ausschließlich Europäer und Nordamerikaner teilnahmen und mitwirkten. Aber auch die seit 1968 stärker werdenden zentrifugalen Kräfte in der Ökumenischen Bewegung sowie die gegenwärtigen partikularisierenden Bestrebungen weltweit lassen es keineswegs als selbstverständlich erscheinen, dass ChristInnen so unterschiedlicher Prägungen sechs Tage lang zusammensitzen, einander zuhören, gemeinsam Gottesdienste feiern und beten. Dieses Leben und Teilen der Vielfalt ist kein Nebenschauplatz von Mission und keine Bühne, die Raum schafft für die Diskussion und Klärung des gegenwärtigen Missionsverständnisses. Die »Begegnung zwischen Menschen« ist vielmehr selbst das »Zentrum von Mission« – so beschreibt es ein Arbeitspapier zur Konferenz:[1] Der Ort der Begegnung sei Gottes Raum. Hier werde das Herz, das Zentrum unserer Leben, berührt und es ereigne sich transformierende Nachfolge.

Das Sich-Ereignen von Mission in der Begegnung in der Vielfalt darf heute vermutlich als der eigentliche und tiefere Sinn eines ökumenischen Großereignisses wie der WMK betrachtet werden. Es geht – zumindest in Arusha – nicht um die Verabschiedung einer neuen missiologischen Grundsatzerklärung, zumal die jüngste Missionserklärung des ÖRK, »Gemeinsam für das Leben. Mission und Evangelisation in sich wandelnden Kontexten« (TTL), erst im Jahr 2012 vom Zentralausschuss des ÖRK in Kreta verabschiedet wurde. Im Mittelpunkt steht vielmehr das exemplarische Leben und Durchbuchstabieren von Mission, aber auch das eher passive Sich-Verändern-Lassen in der Begegnung.

In diesem Sinn ist auch das Thema der Konferenz »Vom Geist bewegt – zu verwandelnder Nachfolge berufen«[2] zu verstehen: Nach einigen Jahrzehnten, in denen der Geist Gottes mehr und mehr zum Hauptakteur von Mission avancierte, fragt das Konferenzmotto danach, welche Folgen das Bewegt-Sein durch den Hei-

---

[1] Mission from the Margins Working Group, Moving in the Spirit – Called to Transforming Discipleship. Theological Reflections from the Margins, in: Joseph Keum (Hg.), Resource Book. Conference on World Mission and Evangelism. Moving in the Spirit: Called to Transforming Discipleship, 8–13 March 2018, Arusha, Tanzania/Geneva, WCC publications, 2018, 50–61, hier 50f.

[2] Für diese Übersetzung des englischsprachigen Titels sowie für weitere Beiträge zur Geschichte der WMKs und der Entwicklung des Mottos verweise ich auf die Veröffentlichung des EMW, Vom Geist bewegt – zu verwandelnder Nachfolge berufen. Zur Weltmissionskonferenz in Tansania, Hamburg 2018.

ligen Geist für ChristInnen in der Nachfolge hat und wie diese Nachfolge schon
sehr konkret in Arusha, aber auch darüber hinaus, umgesetzt werden kann.

Einheit in Vielfalt in der Mission

Bei all dieser Vielfalt kehrt gleichwohl die Frage der Verbindlichkeit und des
Verbindenden wieder. Wenn man diesbezüglich in Arusha nach Plenumsdiskussionen Ausschau hielt, in denen um das Gemeinsame in der Mission oder gar um
Wahrheitsfragen gerungen wurde, dann wurde man nicht fündig. Das wird im
Prozess der Erstellung und Verabschiedung der gemeinsamen Erklärung von
Arusha, »The Arusha Call to Discipleship«, besonders sichtbar.[3] Das Dokument
wurde nicht in herkömmlicher Weise prozessual erarbeitet – durch die klassischen Schritte der Vorlage eines von einem Drafting-Komitee erstellten ersten
Entwurfes, der Diskussion im Plenum, der Wiedervorlage und der erneuten ringenden Debatte etc. Vielmehr wurde der »Call« kurz vor dem Abschlussgottesdienst vorgestellt. Die Zeit für Rückmeldungen und Überarbeitung war entsprechend gering, sodass die Erklärung weder als repräsentativ für die Vielfalt der
Meinungen der Konferenzteilnehmenden noch als Ergebnis eines gemeinsamen
Ringens um das heutige Verständnis von Mission betrachtet werden kann. Es
zeigt vielmehr deutlich die Handschrift ihrer Verfasser. Das fiel dem ÖRK offensichtlich selbst auf, denn nur wenige Wochen nach der WMK in Arusha veröffentlichte der ÖRK einen sehr viel ausgewogeneren »Appendix zum Call«. Dieser wird hoffentlich in der Chronik der Ökumenischen Bewegung und der Weltmissionskonferenzen einen angemessenen Platz erhalten und das einseitige Bild
des »Call« etwas korrigieren.

Es gibt die Tendenz – auch und gerade unter westlichen TheologInnen, mich
eingeschlossen –, ökumenische Ereignisse wie die WMK nur auf ihre Defizite
hin zu analysieren. Das gilt besonders, wenn eine argumentative theologische
Auseinandersetzung und eine entsprechende Debatte zur Einheit fehlen. Demgegenüber ist mit Blick auf die WMK in Arusha zu betonen, dass hier das Fehlen
eines gemeinsamen, im Plenum und in der Form der Diskussion vollzogenen
Ringens um Einheit in Mission nicht bedeutet, dass die Frage der Einheit – ein

---

[3] Sämtliche im Plenum gehaltenen Reden und Dokumente der WMK finden sich auf der Homepage
des ÖRK unter: https://www.oikoumene.org/en/mission2018/documents-related-to-the-conference
(12.7.2018).

Klassiker von Missionskonferenzen – nicht präsent gewesen wäre. Das oben zitierte Statement, dass die verändernde Begegnung das Zentrum von Mission ist, regt dazu an, Einheit in der Mission nicht nur in Aussagen, im propositionalen Wissen zu suchen, sondern auch in Formen der Begegnung, in denen das Gemeinsame und Verbindende manchmal eher implizit gewusst und zum Ausdruck gebracht wird. Besondere Bedeutung kommt hierbei der gelebten Spiritualität der WMK zu, die in der Tat das Herz berührte und das Thema »verwandelnde Nachfolge« als Angelegenheit des ganzen Menschen zum Ausdruck brachte.

Aber auch Wortbeiträge griffen die Frage der Einheit in der Mission auf. Gerade Mission bildet, weil sie nicht frei von Konkurrenz ist, einen zentralen Indikator für die internationale und interkonfessionelle Einheit der Kirchen. Der Generalsekretär des Ökumenischen Rats der Kirchen (ÖRK), Olav Fykse Tveit, wies bereits in der Eröffnungsansprache auf den besonderen Zusammenhang von Mission und Einheit der Kirche hin:

»Die Sorge um die Mission der Kirche war immer die treibende Kraft hinter der ökumenischen Bewegung, die gemeinsames Zeugnis und gemeinsamen Dienst anstrebt und darin auch neue Einsichten sucht und Selbstverpflichtungen eingeht. Im ÖRK, der seit der 3. Vollversammlung in New Delhi 1961 auch den Internationalen Missionsrat einschloss, war der Ruf, eins zu sein, immer inspiriert durch den Ruf zur Mission.«

Unterstrichen wurde das Bemühen, Fragen der Einheit nicht aus dem Blick zu verlieren, auch durch die Einbeziehung der jüngsten Studie, die die Kommission für Glaube und Kirchenverfassung in Kooperation mit der römisch-katholischen Kirche und mit VertreterInnen von evangelikalen Kirchen und Pfingstkirchen veröffentlicht hat: »Die Kirche: Auf dem Weg zu einer gemeinsamen Vision«[4]. Die Vorsitzende der Kommission, Susan Durber, beschrieb in ihrem Beitrag »Unity and Diversity in Mission« die heutige Herausforderung: Einerseits gelte es, Einheit so zu definieren, dass das, was ChristInnen unterschiedlicher Konfessionen weltweit verbinde, sichtbar und vergewissert werde. Andererseits dürften aber nicht alte kolonialisierende oder neue imperiale Universalisierungsvorstellungen fortgeführt werden. Theologisch sei daher zu unterstreichen, dass die Communio und Einheit der Kirchen von Gott gestiftet sei und nicht auf partikularen Interessen gründe. Deshalb bleibe die Einheit, wie der Titel der Studie von

---

[4] ÖRK, Die Kirche: Auf dem Weg zu einer gemeinsamen Vision. Studie der Kommission für Glauben und Kirchenverfassung Nr. 214.

Glaube und Kirchenverfassung deutlich macht, immer eine Vision und der Weg zur Einheit ein Weg – in einer Metapher formuliert, die sich in jüngerer Zeit in der Ökumene großer Beliebtheit erfreut: eine Pilgrimage.

»Gegen-kulturelle« Mission: Nachfolge als Bruch oder als Konvivialität mit der Welt?

Durber verwendete für die Näherbestimmung der von Gott gestifteten Communio den Begriff »gegen-kulturell«. Sie unterstreicht damit die gewachsene Kritik an universalisierenden Einheitsvorstellungen und an der Anmaßung in erster Linie des sogenannten Westens und der traditionellen Kirchengemeinschaften, Kriterien für Einheit aufstellen zu können. »Gegen-kulturell« bedeutet hier, dass Einheit eben nicht notwendigerweise nach dem Muster westlichen Denkens und westlicher Deutung vorzustellen ist.

Der Ausdruck »gegen-kulturelle Communio« greift zugleich die Empire-Kritik auf, die in den letzten Jahren auch den ÖRK und andere christliche Weltbünde bewegt.[5] Zahlreiche Beiträge der WMK in Arusha stellen die Mission Gottes und der Kirchen dem sogenannten »Empire« gegenüber, einer Größe, die, weil sie sich so schwer fassen lässt, auch unterschiedlich verwendet wird. Mal wird sie als Synonym für die neo-koloniale Ideologie des Marktes betrachtet, die viele Menschen an die Ränder der Überlebensfähigkeit – an die »margins« – bringt. Mal wird sie mit der Außenpolitik und rassistischen Innenpolitik der USA assoziiert. An überaus prominenter Stelle, nämlich in seiner Eröffnungsrede, assoziierte der Vorsitzende der Kommission für Weltmission und Ökumene, Metropolit Geevarghese Mor Coorilos von der Syrisch-Orthodoxen Kirche Indiens, Mission mit Empire-Kritik. Mission heiße, die Welt auf den Kopf zu stellen und Widerstand zu leisten gegen die herrschenden Mächte, die Ungerechtigkeit förderten und Tod statt Leben brächten. Coorilos zitierte dabei seine Landsfrau, die berühmte postkoloniale Schriftstellerin und Aktivistin Arundhati Roy, die das

---

[5] Zur Diskussion um Kirche und Empire s. z. B.: Karen L. Bloomquist (Hg.), Being the Church in the Midst of Empire. Trinitarian Reflections (Theology in the Life oft he Church, Vol. 1), Minneapolis, Minnesota, USA, Lutheran University Press, 2007.

Erzählen eigener Geschichten als wichtiges Mittel dafür betrachtet, das Empire zu dezentrieren und seinem Einfluss den »Sauerstoff zu entziehen«.[6]

Zwischen dieser Anti-Empire-Missiologie und der jüngsten Missionserklärung des ÖRK, TTL, lässt sich eine deutliche Verbindungslinie erkennen. TTL ist in seinem gesamten Grundtenor von der Konfrontation zwischen dem »Geist des Lebens« und dem »Ungeist der Welt« gekennzeichnet. Diese Gegenüberstellung ist theologisch höchst fragwürdig, weil sie übersieht, dass die Kirche ein *corpus permixtum* ist und der Welt nicht nur gegenübersteht, sondern auch Anteil an ihr hat und daher selbst der Transformation bedarf.

In Arusha verbindet sich diese Gegenüberstellung nun mit der Idee der verwandelnden Nachfolge, die die Partizipation der ChristInnen und Kirchen an der Missio Dei akzentuiert. Das führt zu der spannenden, in Arusha aber letztlich leider wenig diskutierten Frage, ob Nachfolge zu einem radikalen Bruch mit der Welt ruft, wie schon Dietrich Bonhoeffers strengere Auslegung der Nachfolge impliziert, oder ob Nachfolge in die Welt hinein ruft, in die Konvivialität in ihr – und damit zugleich ins Menschsein »in der Teilnahme am Leiden Gottes im weltlichen Leben«, so Bonhoeffers weite Interpretation der Nachfolge.[7]

Die WMK in Arusha setzt mit der Verbindung von Empire-Kritik und Nachfolge einen neuen Impuls für die missiologische Diskussion der Frage, wie sich Christsein und Welt zueinander verhalten. Die Debatte dazu dürfte im interkonfessionellen Gespräch durchaus kontrovers geführt werden, denn sie rührt an theologische Grundfragen etwa der Eschatologie oder der Soteriologie.

Darüber hinaus fordert die Nachfolgethematik gerade auch in Verbindung mit der Vorstellung einer gegen-kulturellen Communio dazu heraus, die Partizipation von ChristInnen und Kirchen an der Missio Dei neu zu diskutieren. Der »Call to Discipleship« und andere Beiträge der Konferenz vermitteln den sehr aktivistisch-messianistischen Eindruck, dass durch das Handeln und Verkündigen durch ChristInnen das Reich Gottes realisierbar sei. Dem wurde, auch in Arusha, entgegengehalten, dass ChristInnen in der Nachfolge auf das Tun Gottes angewiesen bleiben. Der südafrikanische Theologe Vuyani Vellem brachte das in der Key Note zum Thema »Spiritual dimension of embracing the cross (Mark

---

[6] Arundhati Roy, Rede vor dem Welt-Sozialforum (21. Januar 2003), http://www.workersliberty.org/story/2017–07–26/world-social-forum-arundhati-roy (16.7.2018).

[7] Zitiert nach Wolfgang Huber, Nachfolge heute – Vortrag bei der Jahrestagung der Internationalen Bonhoeffer-Gesellschaft, Deutsche Sektion, Berlin 2006: https://www.ekd.de/060915_huber_berlin.htm (17.7.2018).

8, 34)« mit den Worten »Pray and Struggle for Justice« als einer Quintessenz Bonhoefferscher Ethik auf den Punkt.

Story-Telling – ein Weg der Verbindung von Einheit und Vielfalt?!

»Stories are data with soul«, so betonte die aus Sambia stammende Theologin Mutale Mulenga Kaunda im Eröffnungsvortrag der Konferenz. Story-Telling ist ein Format, das sich auf vielen ökumenischen Konferenzen durchgesetzt hat. Schon auf der Weltmissionskonferenz in Athen im Jahr 2005 gehörten »persönliche Zeugnisse« zu den beeindruckendsten Beiträgen. In Arusha erhielt die Methode im Kontext sowohl der Anerkennung und Wahrnehmung christlicher Vielfalt als auch der »mission from the margins« und der damit verbundenen Herausforderung, den Menschen an den Rändern Gehör zu verschaffen, besondere Aufwertung.

Das Erzählen von Geschichten ist mehr als die Vermittlung von Fakten, so ist Kaundas Aussage wohl zu interpretieren, weil es das Gerippe historischer Tatsachen mit Fleisch und Leben füllt und damit die Möglichkeit eröffnet, Empathie und Solidarität zu entwickeln. Es sind Geschichten, die von Verletzlichkeit erzählen, so fährt Kaunda in ihrem Vortrag fort, die den Zuhörer/die Zuhörerin nicht unberührt lassen, sondern »transformieren«: »speaker and listener are both active«.

Das Erzählen »eigener« Geschichten fördert darüber hinaus die von Arundhati Roy angesprochene Dezentrierung des Empire. Postkoloniale TheologInnen wie etwa Musa Dube aus Botswana stellen afrikanische Novellen sehr bewusst den kolonial wirksamen westlichen Erzählungen etwa eines Josef Conrad – Herz der Finsternis –, aber auch kolonialen Bibelpassagen gegenüber. Es geht darum, die eigene Geschichte zu entdecken und zu Gehör zu bringen und dominante andere Geschichten auf den ihnen gebührenden Platz zurück zu verweisen.

Im Konzept des Story-Telling steckt aber auch eine Herausforderung für das Thema Einheit und Vielfalt, Universalität und Partikularität: Wie werden diese einzelnen Geschichten, die partikulare Erfahrungen schildern und durchaus auch die Tendenz enthalten können, andere auszuschließen – schließlich geht es um die individuelle Identität –, anknüpfungsfähig zur gemeinsamen Geschichte? Die Exklusivität der persönlichen Stories wird besonders dem Zuhörenden bewusst. Gerade Geschichten erfahrener Marginalisierung machen dem Zuhörenden bewusst, dass er oder sie außen steht, ja, erfordert von den Hörenden sogar Respekt und damit auch Abstand gegenüber dem oder der SprecherIn. Vereinnahmende Solidarisierungen nehmen die Einzigartigkeit der jeweiligen Geschichte nicht ernst.

Story-Telling, wie es in Arusha bewusst geplant und inszeniert wurde, enthält die bleibende Spannung zwischen partikularer Besonderheit (einschließlich der dieser immer wieder inhärenten Gefahr identitärer Abschließung) und Aufnahme dieser Einzelgeschichten in die gemeinsame Geschichte. Im Blick auf die Dekade des ÖRK in Solidarität mit den Frauen hat die britische anglikanische Pfarrerin Rose Hudson-Wilkin diese Herausforderung mit den Worten beschrieben: »Da [in der Dekade] haben wir genau das Gegenteil [von ‚eure Geschichte ist nicht unsere Geschichte'] gesagt: Deine Geschichte ist meine Geschichte.«[8] Wie dieser notwendige Schritt gelingt, ohne die Geschichte des oder der anderen zu vereinnahmen, ist eine Herausforderung, die auch in der Weiterarbeit des missionstheologischen Paradigmas »mission from the margins« bedacht werden muss.

Mission from the Margins

Das Paradigma der Mission von den Rändern nimmt seit TTL eine prominente Stellung in ökumenischen Debatten ein, wurde aber bislang noch wenig differenziert und vertieft. In der Art und Weise, wie es in Arusha behandelt wurde, entstand mitunter der Eindruck einer gewissen Unbeholfenheit. Menschen von den Rändern – etwa eine junge Theologin aus Kiribati, eine Inuit, eine junge Massai oder auch eine gehörlose Pfarrerin – wurden geradezu »präsentiert«, wodurch ihre sich auch z. T. im traditionellen Kleidungsstil niederschlagende Exotik nur umso mehr unterstrichen wurde. Die vorgestellten »stories« waren einerseits berührende »data with soul«, machten die Zuhörenden jedoch auch sprachlos, weil persönliche Erfahrungen nicht diskutierbar sind.

Die Präsentation der »mission from the margins«, der ein halbtägiges Plenum eingeräumt wurde, regt verschiedene Fragen an und gibt Impulse für weiteres Nachdenken. Zum einen stellt sich die Frage, ob Menschen, die ihre Geschichte auf dem Forum einer WMK erzählen können, wirklich noch die »margins« repräsentieren, oder ob ihr Status des Marginalisiert-Seins nicht vielleicht schon

---

[8] Siehe Hermann Brandt, Vom Reiz der Mission. Thesen und Aufsätze, Neuendettelsau 2003, 170.

brüchig geworden ist. Als »Subalterne« im Sinn von Gayatri Spivak können sie wohl nicht mehr gelten, da sie selber zu Wort kommen und ein gewisses bis großes Maß an Handlungsmacht an den Tag legen.

Zum anderen machten zahlreiche Beiträge im Plenum deutlich, dass »mission *from* the margins« weiterhin häufig mit »mission *to* the margins« im Sinne der Hilfe für Menschen an den Rändern oder auch der Solidarität mit ihnen verwechselt wurde.

Das meines Erachtens eigentliche Potential dieses Missionsparadigmas, nämlich eingefahrene Denk- und Lebensmuster, die sich durch ein Leben »im Zentrum« entwickeln, heilsam unterbrechen zu lassen, wurde und wird am deutlichsten in dem bereits zitierten Beitrag, den die Mission from the Margins Working Group für Arusha erarbeitet hatte und der im Resource Book zur Verfügung stand. Dort heißt es im Anschluss an die Darlegungen zur Begegnung als Zentrum von Mission:

> At the margins there is sometimes holy disruption. Visions are seen by prophets from the wilderness, voices speak from heaven at the river, and people walk on water in the middle of a lake in a storm. Even the power centres are disrupted by grace from the margins. The margins are grace-filled space and are transforming places to be.

Der indische Kulturwissenschaftler Dipesh Chakrabarty geht in der Beschreibung der Konsequenzen, die das Lernen von den Rändern für die Zentren hat – einen epistemologischen Perspektivwechsel nämlich –, noch einen Schritt weiter und formuliert:

> … the subaltern can teach us to give up control – which amounts to nothing less than a new way of knowing the truth: »To go to the subaltern in order to learn to be radically ›fragmentary‹ and ›episodic‹ is to move away from the monomania of the imagination that operates within the gesture that the knowing, judging, willing subject always already knows what is good for everybody, ahead of any investigation«.[9]

Der WMK in Arusha kommt das Verdienst zu, Stimmen von den *margins* zu Gehör und ins Gespräch gebracht zu haben. Weniger beleuchtet hingegen wurden die über das Zuhören und solidarische Handeln hinausgehenden Konsequenzen dieser Stimmen und Erfahrungen für die Zentren – etwa das Aufgeben von Kont-

---

[9] Dipesh Chakrabarty, Radical Histories and Question of Enlightenment Rationalism, in: Vinayak Chaturverdi (Hg.), Mapping Subaltern Studies and the Postcolonial, London 2000, 256–280, hier 275.

rolle über das Wissen und die Einsicht in die eigene Fragmenthaftigkeit. Für Vertiefungen dieser Art bedarf es weiterer Konferenzen und Debatten, zu denen nicht nur Menschen von den *margins*, sondern vielleicht auch bewusst VertreterInnen des Empire eingeladen werden sollten, um mit ihnen ins Gespräch zu treten.

Eine »afrikanische Konferenz«

Das eingangs erwähnte »Tentative Proposal« des ÖRK zur WMK in Arusha schlägt auch eine »African Conference« vor. Nachdem die letzte und erste WMK auf afrikanischem Boden 1958 in Achimota, Ghana, zur Zeit der politischen Unabhängigkeitsbestrebungen vieler afrikanischer Länder stattgefunden habe, sei es nun an der Zeit, die eigenständigen afrikanischen Entwicklungen der Christenheit sichtbar werden zu lassen. Dazu zählt das Proposal u. a. »den Geist afrikanischer Rhythmen, Musik und Kunst« sowie die »lebendige Spiritualität«.

Wen, wie mich, diese stereotype Schilderung »afrikanischer Charakteristika« einschließlich der undifferenzierten kolonialen Wahrnehmung Afrikas als einheitlicher Größe im Vorfeld irritiert und geärgert hat, der konnte nicht umhin, Wiederholungen dieser identitären Zuschreibungspraxis auf der Konferenz selbst wiederzufinden. Nichtsdestotrotz waren Musik, Tanz und Theaterperformances nicht nur ein wichtiger integraler Bestandteil der Konferenz, sondern machten diese auch zu einem künstlerischen Hochgenuss, der meines Erachtens ohne die Zuschreibung »typisch afrikanisch« noch viel mehr hätte wertgeschätzt werden können.

Theologinnen aus Afrika wie Mercy Amba Oduyoye, die als »grandmother« feministischer afrikanischer Theologie in Arusha zu Wort kam und gefeiert wurde, haben in der Vergangenheit immer wieder die von manchen männlichen Kollegen proklamierte »afrikanische Authentizität« hinterfragt und sie als Modell entlarvt, das bestimmten, meist patriarchalen Interessen dient. Auch hinsichtlich des Konstrukts des »typisch Afrikanischen« sind solche ideologie- und machtkritischen Anfragen notwendig, denn dann werden die künstlerischen Darbietungen aufgrund ihrer hohen Qualität gewürdigt und stehen nicht im Dienst der anhaltenden »Ver-Anderung« des anderen. Auf diese Weise würde auch der in diesen Präsentationen enthaltene eigentliche Impuls von Arusha ernster genommen, Mission und Nachfolge als ganzheitliche, alle Sinne und den Körper einbeziehende Angelegenheit zu verstehen.

Heiliger Geist – Transformation – Nachfolge: Containerbegriffe der Mission, die noch zueinander finden müssen

Der Titel der WMK wie auch einzelne Beiträge enthalten theologiegeschichtlich aufgeladene Containerbegriffe für das Verständnis von Mission: Neben »Transformation«, »Mission des Geistes« und »Nachfolge« erlebten die Begriffe »Bekehrung« und »christozentrische Mission« ein Revival. Die Aussprache und Vertiefung der einzelnen Begriffe beschränkte sich jedoch auf Anmerkungen.

Das Konfliktpotential der einzelnen Begriffe und der Begriffe zueinander wurde exemplarisch an der Bemerkung eines protestantischen Theologen aus Sri Lanka erkennbar. In einer kurzen Runde des Austauschs im Plenum nach der Bibelarbeit der jamaikanischen Theologin Merlyn Hyde-Riley, die eine Christ-connected-Nachfolge forderte, kommentierte er: Für den Kontext Sri Lanka, in dem über die letzten Jahrzehnte das Vertrauen in den interreligiösen Dialog nur durch die Zurückstellung eines exklusivistischen Christozentrismus wachsen konnte, sei die Vorstellung der Rückkehr zu einer christozentrischen Mission ein Desaster. Die Betonung des Heiligen Geistes als Hauptakteur der Mission habe hingegen viele Dialoge erst möglich gemacht.

Auch am »Call« von Arusha wird deutlich, dass einzelne missionstheologische Termini eher nebeneinanderstehen als aufeinander bezogen sind. Im »Call« sind es konkret die Vorstellung vom Wirken des Heiligen Geistes in der Mission und die Nachfolge der ChristInnen, die zwar beide Erwähnung finden, aber nicht zufriedenstellend miteinander verbunden werden.

Mir scheint, dass das Bemühen darum, die Vielfalt christlicher Kirchen und Gemeinschaften wertzuschätzen und sich theologischer Beurteilungen zu enthalten, die KonferenzplanerInnen dazu veranlasst hat, dass letztlich eine Vielzahl von Stories und Missionsverständnissen nebeneinander gestellt und nicht miteinander diskutiert wurden. Der ÖRK hat hier eine Spur aufgenommen, die er in der Einrichtung des Global Christian Forums angelegt hat, nämlich das Verständnis für die Unterschiede und den gegenseitigen Respekt zu fördern. Es wird spannend werden, ob, wie und welche Begriffe in den nächsten Jahren in der ökumenischen Diskussion aufgenommen werden. Frische Impulse dazu sowie für weiteres missionstheologisches Nachdenken über die verschiedenen Missionskonzepte findet man in den Beiträgen der WMK in Arusha zur Genüge.

Advocacy und Mission

Eintreten für Gerechtigkeit, Frieden und Bewahrung der Schöpfung im Kontext der Mitgliedskirchen der Vereinten Evangelischen Mission auf dem Hintergrund von globalen Entwicklungen und ökumenischen Trends von 1993 bis heute

Jochen Motte

1. Der ›Konziliare Prozess‹ als Anstoß für gemeinsames missionarisches Eintreten für Gerechtigkeit, Frieden und die Bewahrung der Schöpfung

Vor 25 Jahren, im Oktober 1993, wurde in Ramatea/Botswana auf einer Versammlung aller VEM-Partnerkirchen und der von Bodelschwinghschen Anstalten Bethel der Satzungsentwurf für eine neue Form der Zusammenarbeit von Kirchen in der Mission einmütig verabschiedet. Damit war der Weg frei für die rechtliche Transformation des deutschen Missionswerkes, der Vereinigten Evangelischen Mission, in eine internationale Gemeinschaft von Kirchen in Afrika, Asien und Deutschland, wie sie dann nach einem dreijährigen Ratifikationsprozess in Bethel/Deutschland 1996 endgültig vollzogen wurde.

Vorausgegangen war ein mehr als 20-jähriger Beratungs- und Konsultationsprozess, in dem die Frage der ›Partnerkirchen‹ in Afrika und Asien nach neuen Formen ökumenisch-missionarischer Zusammenarbeit gestellt wurde. Die herkömmlichen Beziehungen zwischen der deutschen VEM mit ihren deutschen Mitgliedern und den Partnern im »Süden« genügten nicht dem Anspruch einer gleichberechtigten Partnerschaft, in der sich die Partner auf gleicher Augenhöhe begegnen.

Die 1993 verabschiedete Satzung zielte insbesondere darauf ab, eine neue Form der Partnerschaft zu ermöglichen, in der gerechte Teilhabe, gemeinsame Verantwortung und gemeinsames Handeln in Gegenseitigkeit sich in Verfassung, Struktur und Programmen der neuen VEM ausdrücken sollten. Das bis 1993 bestimmende strukturelle Gegenüber von Geber- und Empfängerkirchen wurde auf dem Hintergrund der im 20. Jahrhundert selbständig gewordenen Kirchen des Südens zunehmend als ekklesiologisch fragwürdig und überholt betrachtet.

Es ging daher auch und vor allem um ganzheitliche gerechte Formen der Zusammenarbeit in der Mission. Teil dieses Diskussionsprozesses auf dem Weg zur Internationalisierung der VEM war notwendigerweise auch die Verständigung darüber, was die neuen Mitglieder aus drei Kontinenten unter Mission verstehen.

Wichtigste gemeinsame Grundlage ist dabei § 2 der 1993 verabschiedeten Satzung, in welchem Auftrag, Aufgaben und Zweck der VEM benannt werden.

»(1) Die VEM ist gegründet in der Heiligen Schrift Alten und Neuen Testaments und dient dem gemeinschaftlichen Handeln in der Mission.

(2) a) Die VEM arbeitet in einem Netz von Kirchen aus Afrika, Asien und Europa und wo immer sie zum Dienst berufen wird.

b) Gemeinsam verkünden sie Jesus Christus als Herrn und Heiland aller Menschen und stellen sich den gegenwärtigen missionarischen Herausforderungen.

c) In einer zerrissenen Welt wollen sie Glieder des einen Leibes Christi bleiben und darum
  – zu einer anbetenden, lernenden und dienenden Gemeinschaft zusammenwachsen,
  – Gaben, Einsichten und Verantwortung teilen,
  – alle Menschen zu Umkehr und neuem Leben rufen,
  – im Eintreten für Gerechtigkeit, Frieden und Bewahrung der Schöpfung das Reich Gottes bezeugen.«[1]

Bedeutsam erscheint in diesem Zusammenhang, dass die 1993/1996 vollzogene Konstituierung der neuen VEM einerseits eine Gemeinschaft zum Ziel hatte, die

---

[1] Vereinte Evangelische Mission, Satzung, (2008), (Stellen, auf die Bezug genommen wird, sind identisch zur aktuellen Satzung) vgl. http://www.vemission.org/fileadmin/redakteure/Bilder/Newsbilder/010_UEM-Constitution.pdf

gerechtere Formen des Miteinanders ermöglichen sollte, als dies zuvor der Fall war, sowie die Herstellung gerechter Verhältnisse in globalem Maßstab. Andererseits wird auch die Verpflichtung des gemeinsamen missionarischen Handelns nach außen hin benannt.[2]

Dabei wird dieses ›außen‹ schon unter 2 b als ein außen qualifiziert, das durch Zerrissenheit gekennzeichnet ist; eine Welt von Gewalt, wirtschaftlichen und sozialen Disparitäten, deren Grenzen vor allem zwischen dem globalen Norden und Süden verlaufen. Die neue Form der Gemeinschaft in der VEM zielte damit implizit auch auf eine Überwindung dieser Trennung, zunächst und exemplarisch innerhalb der Gemeinschaft der VEM, aber auch durch gemeinsames Handeln für gerechte, friedliche Verhältnisse unter den Menschen weltweit.

Insofern das gemeinsame Eintreten für Gerechtigkeit, Frieden und Bewahrung der Schöpfung Teil des missionarischen Handelns der VEM Gemeinschaft ist, steht es in Beziehung zu § 2 (2) b, demzufolge es nicht eine einmalige, sondern kontinuierliche Aufgabe ist auf gegenwärtige missionarische Herausforderungen zu antworten. So hat sich die VEM in den vergangenen 20 Jahren immer wieder unterschiedlichen Herausforderungen stellen müssen im Eintreten für Gerechtigkeit, Frieden und Bewahrung der Schöpfung. Einige dieser Herausforderungen werden im Weiteren noch benannt.

Von grundsätzlicher Bedeutung im Blick auf das vor 25/22 Jahren formulierte und verabschiedete Missionsverständnis erscheint aus meiner Sicht, dass hier die Einsichten aus dem Konziliaren Prozess der ökumenischen Bewegung nicht neben oder außerhalb der Kernanliegen und Inhalte von Mission gestellt wurden, sondern integraler Bestandteil von Mission wurden, ja sogar Verpflichtungen für alle, die Teil dieser neuen Gemeinschaft sind.[3]

Auch wenn in den neunziger Jahren einige VEM-Mitglieder, insbesondere in Afrika und Asien, noch wenig Berührungspunkte mit den Themen des Konzili-

---

[2] Vgl. Jochen Motte, ›Auf dem Wege zur mündigen Partnerschaft‹. Hinweise und Bemerkungen zum United–in–Mission–Programm, in: Zeitschrift für Mission 22. Heft 4, 1996, 228 – 248.

[3] Während die unter § 2 (2) c genannten ersten beiden Spiegelstriche nach innen gerichtet sind, richten sich die Spiegelstriche drei und vier nach außen. Wie oben schon angedeutet erscheint der vierte Spiegelstrich aus dem Jahr 1993 wegweisend bis heute und darüber hinaus, was das Verständnis von Mission angeht. Im Blick auf den dritten – christologisch akzentuierten – Spiegelstrich – »alle Menschen zu neuem Leben und Umkehr rufen« wäre im Blick auf die aktuellen missionstheologischen Diskussionen und die Stellungnahme des ÖRK von 2012 »Together Towards Life: Mission and Evangelism in Changing Landscapes« an die VEM-Gemeinschaft die Frage zu richten, ob es hier einer Neujustierung bedarf. Vgl: https://www.oikoumene.org/en/resources/documents/commissions/mission-and-evangelism/together-towards-life-mission-and-evangelism-in-changing-landscapes.

aren Prozesses hatten, so scheint mir, dass dieses damals wegweisend formulierte Missionsverständnis im Laufe der Jahre bis heute ›common sense‹ der VEM Gemeinschaft wurde. Kirchen bilden in allen Regionen der VEM in ihren Programmen die Themen dieses Prozesses ab, suchen und nutzen aktiv Möglichkeiten der Vernetzung, des Austausches und der gemeinsamen Advocacy-Arbeit in der VEM und darüber hinaus. Diese Entwicklung wurde maßgeblich dadurch ermöglicht, dass VEM-Mitgliedskirchen in Asien und Afrika durch die neuen Formen der Zusammenarbeit in der VEM sich besser untereinander kennenlernen konnten. Dabei wurden sie konfrontiert mit Beispielen engagierter und professioneller Arbeit für Gerechtigkeit und Menschenrechte in ihren eigenen Regionen, so z.b. in der United Church of Christ in den Philippinen (UCCP). Dort setzen sich die Kirchen seit den Zeiten der Marcos-Diktatur für Menschenrechte ein. Seit 2005 wurden mehr als 25 Pfarrer und Pfarrerinnen Opfer politischer Gewalt. Als weiteres Beispiel sei die ELCRN, die das Basic Income Grant Projekt zur Armutsbekämpfung maßgeblich entwickelte und auf den Weg gebracht hat, genannt.

2. Biblisches Menschenbild und Gottes Rechtswillen, der sich am Wohl der Schwachen orientiert, als Grundlage für ein den Menschenrechten verpflichtetes Eintreten für Gerechtigkeit

Die in der Satzung bekundete Verpflichtung zum gemeinsamen Eintreten für Gerechtigkeit, Frieden und Bewahrung der Schöpfung führte zur Einrichtung eines JPIC-Programmreferates durch das damals bestehende international besetzte United in Mission Committee. Dies geschah nach Zustimmung durch die deutsche Missionsleitung der VEM. Die bekundete Verpflichtung sollte so schnell wie möglich, noch vor der vollständigen rechtlichen Transformation in eine internationale Kirchengemeinschaft, vollzogen werden. Dadurch wurde deutlich, dass diese Verpflichtung kein Lippenbekenntnis war und auch kein Partikularinteresse der deutschen Mitglieder der VEM.

Beim Eintreten für Gerechtigkeit, Frieden und Bewahrung der Schöpfung war von Anfang an ein an den universalen Menschenrechten orientierter ›rights based approach‹ leitend. Diese Entwicklung wurde durch folgende Faktoren beeinflusst:

– Biblische Theologische Gründe für einen Menschenrechtsansatz innerhalb des missionarischen Handelns für Gerechtigkeit, Frieden und Bewahrung der Schöpfung;
– die Orientierung an Entwicklungen in VEM-Mitgliedskirchen aus der Perspektive der Opfer von Menschenrechtsverletzungen;
– die Allgemeine Debatte um die Menschenrechte im Kontext der Wiener Menschenrechtskonferenz der Vereinten Nationen.

2.1. Biblische-Theologische Gründe für einen Menschenrechtsansatz innerhalb des missionarischen Handelns für Gerechtigkeit, Frieden und Bewahrung der Schöpfung

Den Zusammenhang von Mission und Menschenrechten hat in pointierter Weise der ehemalige Generalsekretär des Ökumenischen Rates der Kirchen (ÖRK), Emilio Castro, 1975 in Nairobi benannt. »Menschenrechte sind nicht der ›Kontext‹ christlicher Mission, sondern betreffen ihren eigentlichen ›Text‹, sie sind Herzstück des freimachenden Evangeliums. Der Schrei nach Menschenrechten ist deshalb nicht nur der Slogan des politischen Aktivisten, in den Menschenrechten kulminiert der missionarische Imperativ des christlichen Glaubens.«[4]

Auf dem Hintergrund antikolonialer Befreiungskämpfe, des Antiapartheidkampfes und einer formulierten Option für die Armen, waren die Menschenrechte wichtige Instrumente, an deren Entwicklung und Durchsetzung sich der Ökumenische Rat der Kirchen maßgeblich beteiligt hatte. Aber auch jenseits dieses geschichtlichen Kontextes wurden die Menschenrechte im Anschluss an den 2. Weltkrieg in neuer Weise in den Kirchen aufgenommen und theologisch reflektiert.

Dabei bildet der Begriff der unveräußerlichen Würde des Menschen, der als Begründungszusammenhang in der Präambel der Allgemeinen Erklärung der Menschenrechte von 1948 vorangestellt ist - eine Brücke zum biblischen Menschenbild und der dem Menschen von Gott zuerkannten Würde, die sich in der durch das Schöpfungshandeln Gottes zugesprochenen Ebenbildlichkeit widerspiegelt. Neben schöpfungstheologischen, naturrechtlichen, christologischen u.a. Begründungszusammenhängen scheint die Bedeutung des alttestamentli-

---

[4] Emilio Castro, Human Rights and Mission, in: IRM 56/263, 1977, 215f.

chen Gottesrechtes zu wenig gewürdigt zu werden im Blick auf die Begründung von universalen Rechten, wie sie in den allgemeinen Menschenrechten seit 1948 manifest wurden.

Auf dem Weg in die Freiheit aus der Sklaverei in Ägypten schließt Gott den Bund mit seinem Volk. Leben in Freiheit ist aber nur möglich, solange diejenigen, die am Rande der Gesellschaft leben, nicht ausgegrenzt werden und zu ihrem Recht kommen. Bei dem Propheten Amos in Kapitel 5,24 wird die überragende Bedeutung des Rechtes, im Bilde eines unverzichtbaren Lebensmittels anschaulich. »Es ströme aber das Recht wie Wasser und Gerechtigkeit wie ein nie versiegender Bach.«[5]

Die mit dem Bund gegebenen Gebote haben nicht nur funktionalen Charakter, sondern bilden als Teil der Offenbarung Gottes die Richtschnur für gute – dem Bund und Gottes Willen gemäße – Regierungsführung, an der sich die Könige und die politischen sowie wirtschaftlichen Eliten des Landes messen lassen müssen.

Auch wenn sich aus dem alttestamentlichen Gottesrecht universale individuelle Menschenrechte moderner Prägung nicht unmittelbar ableiten lassen, so geben sie uns als denjenigen, die sich auf das Alte Testament in ihrem Glauben beziehen, Anregung und Wegweisung für ein Eintreten zur Durchsetzung universaler Rechte.

Dieses ›Eintreten‹ bzw. diese Advocacyarbeit geschieht auf der Grundlage der jedem Menschen innewohnenden Würde und schützt und verteidigt die Rechte jedes einzelnen Menschen, insbesondere derer, die schutzbedürftig sind und deren Rechte verletzt werden.

2.2. Die Orientierung an Entwicklungen in VEM-Mitgliedskirchen aus der Perspektive der Opfer von Menschenrechtsverletzungen

Anlass für einen menschenrechtsbasierten Ansatz im Eintreten für Gerechtigkeit, Frieden und Bewahrung der Schöpfung gaben neben biblisch-theologischen Gründen die aktuellen Entwicklungen und Ereignisse in den Mitgliedskirchen

---

[5] Vgl. Jochen Motte, Our Common Mission: To Protect Human Dignity by Promoting Human Rights and the Rule of Law, in: Mission Continues. Global Impulses for the 21st Century, hg. v. Claudia Währisch-Oblau und Fidon Mwombeki, Regnum Edinburgh 2010 Series. Vol. 4, 2010, 119.

der VEM, bzw. die ›gegenwärtigen missionarischen Herausforderungen‹, wie es in der Satzung § 2 (2) b heißt.

1993 kam es im Zuge der Kirchenspaltung in der Christlich-Protestantischen-Toba-Batak Kirche in **Indonesien,** unter der Regierung des Präsidenten Suharto, zu staatlichen Eingriffen und zur Duldung von Gewalt. Menschenrechtsorganisationen in Indonesien dokumentierten diese Vorfälle. Die VEM und andere Nicht- Regierungs-Organisationen (NROs) wie Watch Indonesia machten sie international bekannt.

Auf dem Hintergrund der Diktatur in den **Philippinen** unter Ferdinand Marcos und dessen Absetzung im Jahr 1986 durch die EDSA-Revolution, an der sich die Kirchen aktiv beteiligt haben, hatte die United Church of Christ in den Philippinen in Zusammenarbeit mit dem Nationalen Kirchenrat und vielen Nicht-Regierungs-Organisationen eine profilierte nationale und internationale Menschenrechtsarbeit entwickelt. Dies spiegelt sich auch in der Verfassung der Kirche in Artikel 2 Absatz 11 wieder:»In accordance with the biblical understanding that all persons are created in the image of God, the Church confirms and upholds the inviolability of the rights of persons as reflected in the Universal Declaration of Human Rights and other agreements on human rights, the international covenants on economic, social and cultural rights and on civil and political rights, the 1984 Convention against Torture and other cruel, inhuman or degrading treatment or punishment, and those that relate specifically to refugees, women, youth, children, minority groups and other persons who cannot safeguard their own rights.«[6] Seit 2005 kam es zu einer Häufung politischer Morde, Fällen von Verschwinden-lassen und Kriminalisierung, in deren Folge die UCCP ihre ökumenischen Partner und die VEM um Unterstützung bat. Die VEM hat diesem Wunsche entsprochen und unterstützt die UCCP in ihrer Menschenrechtsarbeit, u.a. durch das von ihr mit gegründete Philippinen-Aktionsnetzwerk Menschenrechte.

Mit Ende der Diktatur unter Präsident Suharto 1998 bot sich zum ersten Mal die Möglichkeit für die protestantische Kirche in West **Papua / Indonesien,** über Jahre der Unterdrückung, des Rassismus und schwerer Menschenrechtsverletzungen gegenüber Papuas, begangen durch indonesische Sicherheitskräfte, öffentlich zu sprechen. Dazu gehörte auch der Wunsch, die Frage der Selbstbestim-

---

[6] United Church of Christ in the Philippines, Amended Constitution and By-Laws of the United Church of Christ in the Philippines, 2008, 2nd Edition, 7 (http://uccpchurch.com/wp-content/uploads/2015/07/UCCP-Constitution-and-By-laws.pdf).

mung auf die ökumenische Agenda zu setzen. Seitdem unterstützt die VEM die GKI in ihrem Eintreten für die Rechte indigener Völker. Die GKI hat dabei ein über Papua hinaus bekanntes und renommiertes Büro für Gerechtigkeit, Frieden und Bewahrung der Schöpfung gegründet, dessen Berichte und Dokumentationen Eingang finden in die Publikationen des von der VEM mitgegründeten West Papua Netzwerkes sowie der International Coalition on Papua (ICP).

Nach einem mehr als zehnjährigen Beratungsprozess unter den VEM-Mitgliedskirchen in Asien wurde auf Anregung von Kirchen aus Indonesien und den Philippinen durch die Chinesisch Rheinische Kirche (CRC) ein Projekt zum Schutz und zur Betreuung von indonesischen Migrantinnen entwickelt. Junge Frauen, die als Haushaltshilfen in **Hong Kong / China** arbeiten, sind oft schutzlos Gewalt und Misshandlung ihrer Arbeitnehmer ausgeliefert und können sich nur schwer dagegen wehren. Die CRC beschäftigt seit vielen Jahren Pfarrerinnen aus VEM Mitgliedskirchen in Java, die Migrantinnen Angebote für Beratung und Unterstützung sowie Austausch untereinander machen und bei Bedarf Schutz und rechtlichen Beistand gewähren bzw. vermitteln.

Seit 1993 bis heute hat die methodistische Kirche in **Sri Lanka** sich für Frieden und Rechtsstaatlichkeit sowie für die Anerkennung von Minderheitenrechten eingesetzt. Im Zuge des Krieges und der Vernichtung der LTTE (Liberation Tigers of Tamil Eelam) 2009 und vielen Opfern unter der Zivilbevölkerung hat die Methodistische Kirche um internationale Solidarität und Beistand gebeten. Kirchenleitende aus Afrika, Asien und Deutschland wurden zu einem pastoralen Besuch während der Endphase des Krieges eingeladen. Die Methodistische Kirche bildet bis heute eine Brücke zwischen den verschiedenen Ethnien und ist ein gelebtes Beispiel für ein Miteinander, da ihr Tamilen wie Singhalesen angehören.

Nach dem Völkermord in **Ruanda** 1994 mit mehr als einer Million Opfern, ein Jahr nach der Vollversammlung der VEM in Ramatea / Botswana und den seither andauernden und bis heute nicht beendeten Unruhen, Kriegen und Gewalttaten in der **Demokratischen Republik Kongo** mit geschätzten mehr als 5 Millionen Toten haben die Kirchen in der Region der Großen Seen immer wieder Bedarf nach Unterstützung für Versöhnungs-, Friedens- und Menschenrechtsarbeit bekundet. Sie forderten internationale Hilfe bei der Überwindung von Gewalt und der Verhinderung von illegalem Handel mit Rohstoffen ein. Die VEM hat 2002 das ›Ökumenische Netz‹ Zentralafrika mitgegründet, durch das in Deutschland und Europa ein Bewusstsein für die Probleme in der Region sowie für die Bedürfnisse und Forderungen der Zivilgesellschaft geschaffen wurde.

Deutschlands Verantwortung für den Völkermord in **Namibia** an großen Teilen der Hereros, aber auch der Nama und Damara 1904 wurde als Anliegen der Ev. Lutherischen Kirche in Namibia 2004 an die deutschen Mitglieder der VEM übermittelt. Durch politische Lobbyarbeit hat die VEM dazu beigetragen, dass zumindest die Bundesministerin Heidemarie Wieczorek-Zeul ihr Bedauern über diese Verbrechen aussprach und sich persönlich entschuldigte. Eine Anerkennung des Völkermordes durch den Deutschen Bundestag wie im Falle Armeniens (Beschluss vom 2. Juni 2016) steht bis heute aus.

Durch die Evangelisch Lutherische Kirche in Namibia (ELCRN) wurde ein weltweit bekanntes Projekt zur Durchsetzung wirtschaftlicher und sozialer Menschenrechte in Zusammenarbeit mit der VEM und deutschen Mitgliedskirchen wie der EKiR und EKvW angestoßen: das sogenannte Basic Income Grant (BIG). Über ein Pilotprojekt, das durch die ELCRN und andere Koalitionspartner der Zivilgesellschaft in Namibia koordiniert und umgesetzt wurde, sollte die namibische Regierung davon überzeugt werden, mit diesem Modell Formen extremer Armut zu bekämpfen und zu überwinden.[7]

Die Liste an Anliegen aus den VEM-Mitgliedskirchen ließe sich beliebig verlängern. Hingewiesen sei auf Initiativen der Kirchen in **Tansania** gegen ›land grabbing‹, in **Indonesien** für Rechte von Arbeiterinnen in Freihandelszonen[8], gegen Menschenhandel (insbesondere Frauenhandel und Kinderarbeit), gegen Landraub durch Anbau von Palmöl.

Auch bürgerliche und politische Menschenrechte, wie das Recht auf Religionsfreiheit, wurden immer wieder als Anliegen an die VEM Gemeinschaft herangetragen. Dies geschah auf dem Hintergrund der Bedrängung von Christen und Christinnen und Anhängern anderer Religionsgemeinschaften in **Indonesien, Sri Lanka** und **Tansania,** auch angesichts extremistischer Gewalt, wie z.B. durch Boko Haram und deren Auswirkungen auf die Kirchen in Kamerun.

Auch die Mitgliedskirchen der VEM in **Deutschland** haben in den vergangenen Jahren vermehrt gegenüber der VEM-Gemeinschaft Interesse an Unterstützung und Erfahrungsaustausch zu Menschenrechtsfragen bekundet. Dies geschah u.a. zum Thema Menschenhandel (insbesondere Frauenhandel), Bekämp-

---

[7] Vgl. dazu: Think BIG. Inputs and Reflections on Social Justice and the Basic Income Grant, hg. v. Jochen Motte, Theodor Rathgeber und Angelika Veddeler, 2010.
[8] Vgl. Jochen Motte, Challenges to the Churches in a changing world. Churches in the United Evangelical Mission striving for Justice, Peace and the Integrity of Creation, Challenges to the Churches in a Changing World. Texts from the 4th International Consultation in Justice, Peace and the Integrity of Creation – Batam / Indonesia, February 2008, hg. v. Jochen Motte und Thomas Sandner, 2008, 9–12.

fung von Rassismus und Diskriminierung, Schutz und Rechte von Flüchtlingen und Schutz von Menschen mit Behinderungen.

2.3. Die allgemeine Debatte um die Menschenrechte im Kontext der Wiener Menschenrechtskonferenz der Vereinten Nationen

Auch nach Verabschiedung der Allgemeinen Erklärung der Menschenrechte 1948 und der Verabschiedung der beiden großen Pakte zu bürgerlichen und politischen sowie wirtschaftlichen, sozialen und kulturellen Rechten 1966 wurde die 1948 begründete Universalität und Unteilbarkeit aller Menschenrechte immer wieder in Frage gestellt.

Die Kontroverse um die Universalität der Menschenrechte prägte auch die Diskussionen während der UN-Menschenrechtskonferenz in Wien 1993. Die grundsätzliche Kritik vieler Staaten richtete sich gegen ein den Menschenrechten zugrunde liegendes angeblich westlich-individualistisches Menschenbild, das kollektivistischen Rechtstraditionen widerspreche, wie sie u.a. in asiatischen Gesellschaften ausgeprägt seien. Im Schlussdokument von Wien konnten sich die Kritiker nicht durchsetzen wie zunächst befürchtet. So wurden die Grundprinzipien der Universalität und Unteilbarkeit bekräftigt und darüber hinaus die Gleichwertigkeit der beiden Pakte betont.[9]

Es ist Zufall, dass diese bedeutende Menschenrechtkonferenz von 1993 im gleichen Jahr stattfand wie die Gründungsversammlung der Internationalen VEM, auf welcher die gemeinsamen Grundlagen für die Satzung einer Kirchengemeinschaft in Asien, Afrika und Deutschland beschlossen wurden. Ausgehend von Wien erscheint es auf dem Hintergrund der in den vorigen Abschnitten ausgeführten eigenen Glaubenstraditionen – zu Menschenbild und der Rolle des Rechtes sowie den aktuellen Herausforderungen zur Frage nach Gerechtigkeit innerhalb der VEM-Gemeinschaft – konsequent, die universale Werte- und Rechtsgrundlage der Menschenrechte als Referenzrahmen der Arbeit für Gerechtigkeit, Frieden und Bewahrung der Schöpfung in der neuen internationalen Kirchengemeinschaft zugrunde zu legen.

[9] Vgl. dazu Jochen Motte, Entwicklungen und Herausforderungen im Bereich des Menschenrechtsschutzes seit der Wiener Menschenrechtskonferenz 1993 in zivilgesellschaftlicher Perspektive, in: Digitales Handbuch der Menschenrechtsarbeit, hg.v. Felix Kirchmeier und Michael Krennerich, 2015, 29 (http://www.fes.de/handbuchmenschenrechte/).

Explizit wurde das Bekenntnis zu Menschenrechten dann 2008 auf der Vollversammlung der VEM in Borkum / Deutschland im ›Leitbild‹ (corporate identity) verabschiedet. Konkret werden folgende Ziele für die Arbeit der VEM benannt:

»Wir glauben, dass alle Menschen zum Bilde Gottes geschaffen sind und deshalb unveräußerliche Würde und Rechte besitzen. Darum treten wir ein für Menschenrechte, unterstützen wir Initiativen zur friedlichen Lösung von Konflikten, unternehmen wir gemeinsame Anstrengungen, um gerechte wirtschaftliche Verhältnisse und gute Regierungsführung zu erreichen, engagieren wir uns für den Schutz der Umwelt«[10]

3. 20 Jahre VEM-Menschenrechtsaktionen – Christen und Christinnen für Menschenrechte im Angesicht der Opfer von Unrecht und Gewalt in der VEM-Gemeinschaft von Kirchen in drei Regionen

Die Menschenrechtsorientierung der Arbeit für Gerechtigkeit, Frieden und Bewahrung der Schöpfung spiegelt sich auch in den Themen der in Deutschland seit 1996 jährlich durchgeführten Aktionen zum Tag der Menschenrechte. Poster, Andachtsentwürfe und Informationsmaterialien, verbunden mit der Bitte um Spenden, wurden seitdem an alle Gemeinden im Bereich der VEM Mitgliedskirchen in Deutschland versandt. Ausgehend von Worten aus dem Alten und Neuen Testament und auf dem Hintergrund der oben erwähnten Herausforderungen in den VEM Mitgliedskirchen wurden und werden bis heute grundlegende Menschenrechte thematisiert. Dabei wurden konkrete Menschenrechtsprojekte und Initiativen aus VEM Mitgliedskirchen vorgestellt, zunächst aus den Regionen Afrika und Asien, seit einigen Jahren auch aus Deutschland.

Folgende Themen waren u.a. Teil der VEM-Aktionen: Frauenrechte, wirtschaftliche und soziale Menschenrechte in Verbindung mit der Entschuldungskampagne, Kinderrechte, Recht auf Nahrung, Recht auf Wohnen, Recht auf Leben, Freiheit und Sicherheit der Person (Schutz vor Gewalt), Leben ohne Armut, Klima und Menschenrechte, Straflosigkeit, Religionsfreiheit, Landrechte und Menschenrechte von Menschen mit Behinderung, Recht auf Bildung, Menschen-

[10] S. Vereinte Evangelische Mission, Unser Leitbild (http://www.vemission.org/fileadmin/redakteure/Dokumente/Leitbild-Flyer.pdf).

handel, Flucht und Menschenrechte. Die Themen der Aktionen aus jüngerer Zeit zu Bildung, Religionsfreiheit, Rechten von Menschen mit Behinderung, Menschenhandel und Flucht zeigen, dass Menschenrechte und ihre Durchsetzung längst nicht mehr in erster Linie Probleme und Herausforderungen beschreiben, die auf den Süden bzw. Afrika und Asien zu beschränken sind. In einer globalisierten Welt sind die Gerechtigkeitsthemen in allen Ländern relevant. Dies spiegelt sich auch in den Projekten der VEM wieder, in denen zunehmend auch deutsche Organisationen und Kirchen unterstützt werden.[11]

4. Frieden und Bewahrung der Schöpfung

Friedens- und Versöhnungsarbeit, zivile Konfliktbearbeitung sowie Klima und Umweltschutz sind Teil des Eintretens für Gerechtigkeit. Sie bilden ebenso eigenständige Schwerpunkte, auf die in diesem Kontext jedoch nicht ausführlich eingegangen werden kann. Verwiesen sei daher im Weiteren auf anderenorts erschiene Beiträge zu diesen Themen.

4.1. Friedens- und Versöhnungsarbeit sowie Zivile Krisenprävention

Angesichts vieler bewaffneter und gewaltsamer Konflikte innerhalb der Länder der VEM-Gemeinschaft in den vergangenen 20 Jahren, aber auch von Konflikten, die bis in die koloniale Vergangenheit Deutschlands – wie in Namibia – zu-

---

[11] Folgende Bibelverse bildeten die Leitworte zu den Menschenrechtsaktionen der Jahre 1996–2016: »Jeder Stiefel, der mit Gedröhn dahergeht, wird verbrannt und vom Feuer verzehrt« – Jesaja 9,4; »Schaffet Recht und Gerechtigkeit und bedränget nicht die Fremdlinge, Waisen und Witwen« – Jeremia 22, 3; »Ihr könnt nicht Gott dienen und dem Mammon« – Matthäus 6, 24; »Ich will Frieden geben in eurem Land, dass ihr schlafet und euch niemand aufweckt« – 3. Buch Mose 26, 6; »Suchet der Stadt Bestes« – Jeremia 29, 7; »Brich dem Hungrigen dein Brot« – Jesaja 58, 7; »Die arm und ohne Obdach sind, führe ins Haus« – Jesaja, 58, 7; »… und er verband seine Wunden, brachte ihn in eine Herberge und pflegte ihn« – Lukas 10, 34; »Er half den Armen zum Recht« – Jeremia 22, 16; »Es ströme aber das Recht wie Wasser« – Amos 5, 24; »Ich bin ein Fremder gewesen und ihr habt mich aufgenommen« – Matthäus 25,35; »Solange die Erde steht, soll nicht aufhören Saat und Ernte, Frost und Hitze, Sommer und Winter, Tag und Nacht« – 1. Mose 8,22; »Recht muss doch recht bleiben« – Psalm 94,15; »Lebt mit allen Menschen in Frieden« – Römer 12, 18; »Denn das Land soll euch seine Früchte geben, damit ihr genug zu essen habt und sicher darin wohnt« – 3. Mose 25, 19; »Als Gott die Menschen erschuf, formte er sie nach seinem eigenen Bild« – 1. Mose 5, 1; »Weisheit erwerben ist besser als Gold« – Sprüche 16, 16; »Als aber die Kaufleute vorbei kamen, verkauften sie ihn für 20 Silberstücke« – 1. Mose 37, 28; »Du sollst den Fremden lieben wie dich selbst« – 3. Mose 19, 33f..

rückreichen, standen die Fragen nach friedlicher Konfliktlösung, Versöhnung und der Rolle der Kirchen kontinuierlich auf der Tagesordnung der VEM-Gemeinschaft. So fanden regionale und internationale Tagungen und Workshops zum Thema ›Versöhnung‹ bzw. ›Gerechtigkeit und Versöhnung‹, in Ruanda 1997 und Namibia 2000 statt.[12]

Im Kontext der Erinnerung an den Beginn des antikolonialen Befreiungskampfes in Namibia und den Völkermord an großen Teilen des Volkes der Herero, aber auch der Nama und Damara wurden Tagungen durchgeführt und eine Ausstellung über die Rolle der Kirchen in dieser Zeit konzipiert und in Namibia und Deutschland gezeigt. Darüber hinaus hat die VEM gemeinsam mit Kirchen in Deutschland die Bundesregierung Deutschlands dazu aufgerufen, den Völkermord anzuerkennen und sichtbare Schritte zur Wiedergutmachung zu leisten. Dies sollte u.a. durch Unterstützung der Landreform in Namibia geschehen, mit der die historisch durch die Kolonialherrschaft verursachte ungleiche Verteilung von Land unter Schwarzen und Weißen, die bis heute ein Konfliktpotential bietet, überwunden werden kann.[13]

Daneben hat die VEM zwischen 2000 und 2010 mehr als 25 Personen aus Mitgliedskirchen in Afrika, Asien und Deutschland Aus- und Fortbildungen zu Konfliktanalyse, -bearbeitung und Mediation vermittelt sowie Friedensfachkräfte im Rahmen des Personalaustausches nach Tansania und Ruanda entsandt. In der Region der Großen Seen fördert die VEM ein regionales Friedensnetzwerk der Kirchen und Jugendprojekte zur Versöhnungsarbeit.

Menschenrechte und Friedensarbeit bilden darüber hinaus einen unlösbaren Zusammenhang in der internationalen Advocacyarbeit der VEM – insbesondere in den länderbezogenen Netzwerken mit anderen kirchlichen Werken und Nicht-Regierungs-Organisationen zu West Papua/Indonesien, den Philippinen, Sri Lanka, Ruanda, Burundi und der Demokratischen Republik Kongo.

4.2. Bewahrung der Schöpfung, Klima- und Umweltschutz

Innerhalb der VEM-Gemeinschaft wurde die Frage der Klimagerechtigkeit, des

---

[12] Vgl. u.a. Beiträge in: Justice and Reconciliation. Contributions to a Workshop on Justice, Peace and the Integrity of Creation, hg. v. Jochen Motte und Thomas Sandner, (2000).

[13] Vgl. Jochen Motte, Vorwort und Statement, in: 100th anniversary of the beginning of the colonial war of liberation in Namibia. Documents – Texts – Pictures, hg. v. Jochen Motte, Wuppertal 2005, S. 7–11.

Schutzes der Umwelt und der natürlichen Lebensgrundlagen durch einen Beschluss der Vollversammlung 2008 zu einem besonderen Schwerpunkt der Arbeit der VEM bis heute. Dabei wurde ein umfassender Ansatz entwickelt, der Kirchen in ihrer Klima- und Umweltarbeit befähigen und unterstützen soll, u.a. durch: Bewusstseinsbildung, Advocacyarbeit, die Berufung von Klima-/Umweltberatern für die Regionalarbeit der Kirchen in Afrika und Asien, Netzwerkarbeit auf ökumenischer Ebene u.a. mit dem ÖRK und seiner Klimaarbeitsgruppe, Schwerpunktarbeit zu Theologie und Spiritualität, Publikationen zum Thema Klima und Menschenrechte, Förderung von Klima- und Umweltprojekten, Umsetzung von Klimaschutzzielen innerhalb der VEM durch CO2-Kompensationsprojekte für Flüge, Entwicklung eines CDM-Projektes (Clean Development Mechanisms) in Kooperation mit ›Brot für die Welt‹ und der Anglikanischen Kirche in Ruanda und Mitwirkung an Klimapilgerwegen im Kontext des Pariser Klimagipfels im Dezember 2015.[14]

5. Vom Konziliaren Prozess für Gerechtigkeit, Frieden und Bewahrung der Schöpfung zum Pilgerweg für Frieden und Gerechtigkeit

Die in der VEM-Satzung niedergelegte Verpflichtung der Kirchen zum Eintreten für Gerechtigkeit, Frieden und Bewahrung der Schöpfung steht, wie oben dargelegt, ganz in der Tradition der ökumenischen Bewegung. So hatte die 6. Vollversammlung des Ökumenischen Rates 1983 in Vancouver beschlossen, Kirchen in einem Konziliaren Prozess durch Bundesschlüsse zu einem Eintreten für Gerechtigkeit, Frieden und Bewahrung der Schöpfung zu verpflichten. Im Zeichen der nuklearen Aufrüstung und Bedrohung und einer nie dagewesenen Zahl an Menschen, die in Not und Unterdrückung lebten, rief der ÖRK die Kirchen dazu auf, Widerstand gegen die Mächte des Todes zu leisten, wie sie in Rassismus, Sexismus, Unterdrückung von Kasten, wirtschaftlicher Ausbeutung, Militarismus, Menschenrechtsverletzungen und dem Missbrauch der Wirtschaft und der Technologie manifest wurden.[15]

In Seoul fand 1990 die Ökumenische Weltversammlung für Gerechtigkeit,

---

[14] S. dazu ausführlich: Jochen Motte, Climate Justice and Environmental Protection. A Challenge to Churches in Africa, Asia and Europe, in Making Peace with the Earth, hg v. Grace Ji-Sun Kim, 2016, 97–108.
[15] D. Preman Niles, Justice, Peace and the Integrity of Creation, in: ecumenical dictionary, ›Article of the Months Series‹ (11/2003) (http://www.wcc-coe.org/wcc/who/dictionary-article11.html).

Frieden und die Bewahrung der Schöpfung statt. Der Konziliare Prozess kam hier zu seinem Höhepunkt. Die Delegierten bekräftigten in ihrer Botschaft, dass nun die Zeit gekommen sei, »unseren Bund mit Gott und miteinander zu bestätigen.«[16] Ungerechtigkeit, Krieg und Umweltzerstörung wurden als Folge des Bundesbruches durch die Menschen theologisch interpretiert. Die angemessene Form aus christlicher Perspektive diesen Folgen entgegenzuwirken ist die Konfrontation. »Die Zeit ist da, alle Kämpfe um Gerechtigkeit, Frieden und Bewahrung der Schöpfung miteinander zu verbinden.«[17] Christen und Christinnen sind dazu aufgerufen, sich aus den Machtstrukturen zu befreien, die sie blind machen und mitschuldig werden lassen an der Zerstörung.

Auch auf der 7. Vollversammlung des ÖRK in Canberra 1991 war dieser Geist der gemeinsamen Verpflichtung zum Widerstand gegen die Zerstörung der Natur, gegen Unterdrückung, gegen wirtschaftliche und soziale Ungleichheit und anderen Formen von Unrecht noch lebendig und setzt sich fort bis zur 8. Vollversammlung in Harare. Dort beklagte die Versammlung in ihrer Botschaft die katastrophalen Auswirkungen der Globalisierung, die unzählige arme Menschen marginalisiert und ›unsichtbar‹ macht. Die Versammlung forderte die Wahrung der Menschenrechte, insbesondere die der Armen, sowie die Achtung der Würde aller Menschen. Mit der in Harare beschlossenen Dekade zur Überwindung von Gewalt wurde der Konziliare Prozess hier aber schon in gewisser Weise neu interpretiert bzw. transformiert. Nicht mehr in erster Linie der fundamentale Widerstand und die gemeinsame Verpflichtung bzw. der Bundesschluss stehen im Vordergrund, sondern viele konkrete Schritte der Kirchen hin zur Überwindung von Gewalt in all ihren Dimensionen. Diese Akzentverschiebung setzt sich fort in Porto Alegre auf der 9. Vollversammlung des ÖRK, auf der die Kirchen nochmals dazu aufgerufen werden, sich an der Dekade zur Überwindung von Gewalt zu beteiligen. Kampf und Widerstand werden abgelöst durch konkretes Handeln, das die Welt verändert und Zeichen der Hoffnung ist.

Einen weiteren Schritt zur Transformation des ursprünglichen Konziliaren Prozesses stellt die in Busan 2013 beschlossene Pilgerreise der Gerechtigkeit und des Friedens dar. Von Verpflichtung ist hier nicht mehr die Rede. Die Empfänger der Botschaft und Mitgliedskirchen werden vielmehr eingeladen, sich dieser Reise anzuschließen. Auch der Weg wird nicht beschrieben, sondern vielmehr

---

[16] Ökumenische Weltversammlung, Abschlussdokument. Bundesschluss, 1990 (http://oikoumene.net/home/global/seoul90/seoul.bund1/index.html).
[17] Ebd.

wird Gott angerufen, den Pilgern und Pilgerinnen den Weg zu weisen. Vor allem aber das gewählte Bild des Pilgerweges, ursprünglich in katholischer Tradition und durch die Reformation abgelehnt, ein Weg an einen heiligen Ort zum Zweck der Buße oder Erfüllung eines Gelübdes, wird hier ins Zentrum gerückt. Elemente der Spiritualität, der Meditation, der Besinnung treten in den Vordergrund. Aus Kampf, Widerstand und Protest gegen das System wird hier eine betont spirituelle Bewegung der Christen und Christinnen in der Welt, für Gerechtigkeit und Frieden. Dabei wird nicht schon zu Beginn definiert, wie konkret sich Gerechtigkeit und Frieden verwirklichen lassen. Die Antwort wird von Gott erbeten bzw. muss im Prozess des Pilgerns je neu gegeben werden.

6. Menschenrechte und traditionelle Werte – neue Kontroversen um die Universalität der Menschenrechte in und außerhalb der Kirchen

Im letzten Abschnitt wurden Entwicklungen im Blick auf die sich verändernde Bedeutung und Rolle des Konziliaren Prozesses bzw. dessen Themen – Gerechtigkeit, Frieden und Bewahrung der Schöpfung – skizziert. Was die Rezeption der Menschenrechte angeht, lassen sich innerhalb und außerhalb der ökumenischen Bewegungen neue Diskussionslinien und Tendenzen feststellen, derer sich die Kirchen bewusst sein müssen und mit denen es sich auseinanderzusetzen gilt.

Auch wenn die Kirchen bis Mitte des 20. Jahrhunderts ein kritisches Verhältnis zu den Menschenrechten hatten, so war der Ökumenische Rat 1948 maßgeblich an der Diskussion zur Formulierung und Verabschiedung der Allgemeinen Erklärung der Menschenrechte beteiligt. Menschenrechte waren Grundbestandteil ökumenischer Überzeugungen schon lange vor der Entstehung des Konziliaren Prozess. Dies spiegelt sich in einem Beschluss der 5. Vollversammlung des Ökumenischen Rates von Nairobi aus dem Jahr 1975 wieder: »Our concern for human rights is based on our conviction that God wills a society in which all can exercise full human rights. All human beings are created in the image of God, equal and infinitely precious in God's sight and ours. Jesus Christ has bound us to one another by his life, death and resurrection, so that what concerns one will concern us all.«[18]

Mit der veränderten und selbstbewussteren Rolle der Orthodoxen Kirchen im ÖRK nach dem Ende des Ost-West Konfliktes und dem Zerfall der Sowjetunion – wie auch der kritischen Positionierung vieler Kirchen aus dem globalen Süden gegen so genannte LGBTI-Rechte und dem Bestreben, diese in den Werte- und Rechtskanon der Menschenrechte zu integrieren – wurde die Frage nach der Universalität und Unteilbarkeit der Menschenrechte in den vergangenen 15 Jahren erneut kontrovers diskutiert. Dazu beigetragen hat auch die mangelnde Glaubwürdigkeit des Westens im Anschluss an den 11. September 2001. Im Zuge der Kriege in Afghanistan und im Irak wurden Menschenrechte insbesondere durch die USA für irrelevant erklärt und Folter für zulässig erachtet, wenn eigene Sicherheitsinteressen bedroht waren.[19] Auch die Haltung mancher Kirchen aus dem Westen, Wertvorstellungen wie zur Frage sexueller Orientierung, die wenige Jahre zuvor in Europa noch undenkbar gewesen wären und strafrechtliche Konsequenzen nach sich gezogen hätten, nun für selbstverständlich zu erklären und deren sofortige Umsetzung gar von Kirchen und Partnern in ganz anderen Kulturräumen zu fordern, mag zu dieser Entwicklung beigetragen haben.

Über eine im Jahr 2009 in den Menschenrechtsrat der Vereinten Nationen von Russland eingebrachte Resolution zu »traditionellen Werten der Menschheit« wurde auf internationaler Ebene die Diskussion um die Universalität der Menschenrechte neu eröffnet. Dabei zielt die Anerkennung der traditionellen kulturellen Werte und Traditionen darauf ab, diese den universalen Menschenrechten vorzuordnen und damit deren Geltung einzuschränken. Traditionelle Werte wie Familie, Religion etc. bilden den Filter für die Umsetzung der allgemeinen Menschenrechte. Kritiker befürchten, dass auf diese Weise die Diskriminierung von Frauen, Rassismus, Fremdenfeindlichkeit und religiöse Diskriminierung legitimiert werden. Gegenüber den Befürwortern traditioneller Werte fordern die Kritiker ein Primat der Menschenrechte und der daraus für die Mitgliedsstaaten der UNO folgenden Verpflichtungen. Russland hat bei seiner Initiative nicht nur die Unterstützung einer Reihe von afrikanischen Staaten erhalten. Die Russisch Orthodoxe Kirche hat diese ausdrücklich begrüßt und unterstützt.

Der für ökumenische Beziehungen zuständige Sprecher der Russisch-Orthodoxen Kirche Bischof Hilarion, stellte im Anschluss an die Vollversammlung des ÖRK in Porto Alegre 2006 ein Schisma zwischen den ›Kirchen der Tradition‹

---

[18] Zitiert in: Executive Committee of the World Council of Churches, Statement on Universal Declaration of Human Rights, 2008 (https://www.oikoumene.org/en/resources/documents/executive-committee/2008–09/statement-on-universal-declaration-of-human-rights).

[19] Vgl. Jochen Motte, Entwicklungen und Herausforderungen im Bereich des Menschenrechtsschutzes seit der Wiener Menschenrechtskonferenz 1993 in zivilgesellschaftlicher Perspektive, in: Digitales Handbuch der Menschenrechtsarbeit, hg. v. Felix Kirchmeier und Michael Krennerich, 2015, 29–40 (http://www.fes.de/handbuchmenschenrechte/).

und den ›Kirchen des liberalen Gürtels‹ fest. 2011 kritisierte er auf der Friedens-
konvokation des Ökumenischen Rates der Kirchen in Jamaika das Eintreten der
Kirchen gemeinsam mit der Zivilgesellschaft für Menschenrechte und forderte
eine Beschränkung der Menschenrechtsarbeit auf die Religionsfreiheit zum
Schutz verfolgter Christen.[20]

Auch wenn Menschenrechte weiterhin auf der Tagesordnung des ÖRK stehen,
so lässt sich nicht leugnen, dass deren Bedeutung angesichts der beschriebenen
Kontroversen mehr und mehr in den Hintergrund tritt.[21] Dies ist insbesondere der
Fall, wenn es um das Festhalten an der Universalität und Unteilbarkeit dieser
Rechte geht und um die Abwehr aller Angriffe von Staaten, die unter dem Verweis
auf traditionelle Werte die Geltung der Menschenrechte einschränken wollen.

Innerhalb der VEM-Kirchengemeinschaft hatte diese Diskussion bis heute
keine unmittelbaren Auswirkungen. Zwar wurde das Thema ›sexueller Orientierung‹ auch auf der Ebene der Vollversammlung aufgegriffen und über den Rat
ein Verfahren erarbeitet, wie damit sensibel umgegangen werden soll. Bis heute
ist daraus weder ein die Gemeinschaft als solche bedrohender Konflikt erwach-
sen noch wurden die geltenden Grundbekenntnisse der Satzung und des Leitbil-
des in Frage gestellt.

7. 1993/96–2016 – 20 Jahre Globalisierung – Perspektivwechsel für missionarisches Handeln im Konziliaren Prozess für Gerechtigkeit, Frieden und Bewahrung der Schöpfung

Die Gründung der internationalen VEM 1993/96 erfolgte mit dem erklärten Ziel
eines grundlegenden Perspektivwechsels. Nicht mehr Geber und Nehmer, Ent-
scheider und Nicht-Entscheider, Nord und Süd sollten sich gegenüberstehen, sondern allen Mitgliedern der neuen Gemeinschaft sollten volle Teilhabe an Planung
und Entscheidungsprozessen in der Gemeinschaft gewährt werden. Genauso
sollen alle Mitglieder in ihren Regionen »Gaben, Einsichten und Verantwortung« untereinander teilen (VEM-Satzung § 2(2)c). Für diesen Perspektivwech-

---

[20] Hilarion Volokolamsk, Address, 2011 (http://www.overcomingviolence.org/en/resources-dov/wcc-resources/documents/presentations-speeches-messages/iepc-address-by-metropolitan-hilarion.html).
[21] Die letzte grundlegende durch eine Vollversammlung beschlossene Erklärung des ÖRK zu den Men-schenrechten und ihrer Bedeutung mit einem uneingeschränkten Bekenntnis zu deren Universalität und Unteilbarkeit wurde 1998 auf der 8. Vollversammlung des Rates in Simbabwe beschlossen. Vgl. http://www.wcc-coe.org/wcc/assembly/hr-e.html.

sel bedurfte es Zeit und neuer Strukturen, wie die Gründung von Regionalversammlungen, Regionalen Ausschüssen und Regionalbüros in Afrika und Asien. Genauso wichtig war die konsequente Neugestaltung der Programme der VEM im Personalaustausch und Freiwilligendienst in alle Richtungen – Nord-Süd, Süd-Süd und Süd-Nord, sowie die Einführung regionaler Programme in allen drei Regionen.

Für das gemeinsame Eintreten für Gerechtigkeit, Frieden und Bewahrung der Schöpfung mit ihrer menschenrechtlichen Orientierung hatte dieser Perspektivwechsel eine Reihe von Auswirkungen.

Durch regionale und internationale ökumenische Besuche bei Kirchen, die von gewaltsamen Konflikten betroffen waren, wurde Solidarität, Austausch und Unterstützung unter Kirchen möglich, die vor gleichen Herausforderungen stehen. Lernangebote zur Armutsbekämpfung, zur Dokumentation von Menschenrechtsverletzungen, zur Vermittlung in bewaffneten Konflikten, zum interreligiösen Dialog und zur politischen Advocacy-Arbeit werden von Kirchen aus dem gleichen Erdteil gestaltet und durchgeführt. Kirchen aus dem Süden nehmen in Deutschland Herausforderungen der Globalisierung in einem Industrieland wahr, und stellen Fragen aus ihrer jeweiligen Perspektive. Das Eintreten für Gerechtigkeit, Frieden und Bewahrung der Schöpfung ist nicht der Auftrag deutscher Kirchen zu Hilfsaktionen bei anderen, sondern alle Mitglieder nehmen ihre Verantwortung in ihren jeweiligen Kontexten wahr.

Ähnliche Lernprozesse lassen sich mittlerweile auch in der internationalen Diskussion auf Staatenebene feststellen, wie zwei Beispiel zeigen mögen.

Nach Abschluss der 15-jährigen Umsetzungsperiode der im Jahr 2000 verabschiedeten Millennium Development Goals (MDGs), die die Armut weltweit um 50% reduzieren sollten, wurde 2015 von den UNO-Mitgliedsstaaten die Agenda 2030 für nachhaltige Entwicklung (SDGs) beschlossen. Bildeten die MDGs für die Industrieländer vor allem eine Verpflichtung zu relevanten Beiträgen zur Umsetzung der Entwicklungsziele in Ländern des Südens, beinhalten die nun verabschiedeten Nachhaltigkeitsziele Verpflichtungen, die alle Unterzeichnerstaaten betreffen und jeden Staat zum Handeln bei sich selbst verpflichten.

Ziel ist es, Armut und Hunger vollständig zu beseitigen, die Erde nachhaltig zu bewirtschaften, Wohlstand für alle zu ermöglichen und »friedliche, gerechte und inklusive Gesellschaften« zu fördern.[22] Dabei benennt die Agenda als Vision eine Welt, in der »die Menschenrechte und Menschenwürde, die Rechstaatlichkeit, die Gerechtigkeit, die Gleichheit und die Nichtdiskriminierung geachtet werden«[23]. Explizit gründet die Agenda auf der Allgemeinen Erklärung der Menschenrechte, den internationalen Menschenrechtsverträgen sowie der Erklärung zum Recht auf Entwicklung.

Einen vergleichbaren Perspektivwechsel gab es auf der Ebene des Menschenrechtsrates der Vereinten Nationen im Jahr 2006. Mit dem Instrument einer ›universal periodic review‹ wurden alle Mitgliedsstaaten der VN – darunter auch die Staaten des Westens – verpflichtet, alle vier Jahre einen Rechenschaftsbericht über die Umsetzung der Menschenrechte in ihrem Land zu geben und sich dabei den kritischen Parallelberichten der Zivilgesellschaft und den Fragen der Völkergemeinschaft zu stellen.

Im Blick auf die in der VEM Satzung genannten Verpflichtungen der Mitglieder zum Eintreten für Gerechtigkeit, Frieden und Bewahrung der Schöpfung gibt es zwar keine Berichtspflichten, dennoch hatte der schon 1993/1996 vollzogene Perspektivwechsel von einer deutschen Missionsgesellschaft zu einer internationalen Gemeinschaft von Kirchen und den v. Bodelschwinghschen Stftungen nachhaltige Auswirkungen auf Zusammenarbeit, Austausch und Inhalte zu Themen des Konziliaren Prozesses, sowie das Eintreten für Menschenrechte wie oben dargestellt. Die Frage sei gestellt, ob dieses Modell nicht auch eine Anfrage an herkömmliche bilaterale Formen der kirchlichen Zusammenarbeit, wie sie in der kirchlichen Entwicklungszusammenarbeit weiter fortbestehen, darstellt.

8. ›In einer zerrissenen Welt das Reich Gottes bezeugen‹ – Kirchen in der VEM gemeinsam auf dem Weg zu inklusiver Gemeinschaft

In einer Suchbewegung, die von der Vollversammlung der VEM 2014 angestoßen wurde, haben VEM-Mitgliedskirchen auf einer Tagung im November 2014 diskutiert, wie Christen und Christinnen inklusive Gemeinschaften als Modelle für ihre Kirchen und Gesellschaften schaffen und leben können.[24] Dabei wurde deutlich, dass Eintreten für Gerechtigkeit und Menschenrechte, Frieden und Be-

---

[22] Generalversammlung der Vereinten Nationen, Transformation unserer Welt: die Agenda 2030 für nachhaltige Entwicklung. Präambel, 2015 (http://www.un.org/depts/german/gv-70/a70-l1.pdf).
[23] A.a.O. 4 Punkt 8.
[24] Motte, Jochen, ›I was a stranger and you invited me‹. Inclusive Communities and the Churches – Realities, Challenges and Visions, in: Inclusive Communities and the Churches – Realities, Challenges and Visions. Documentation of the UEM International Conference in Stellenbosch, South Africa, 2014, 11–14.

wahrung der Schöpfung in Rückbesinnung auf Jesu Verkündigung des kommenden Gottesreiches ausgehend von gelebten persönlichen Beziehungen geschehen kann. Jesus hat sich auch und besonders Menschen an den Rändern der Gesellschaft zugewandt und dabei Grenzen von Tradition, Kultur und Religion überwunden. Er sprach ihnen Gottes Segen zu, obwohl sie außerhalb oder am Rande der etablierten religiösen, wirtschaftlichen und sozialen Strukturen lebten. Die Idee der Inklusion, wie sie interessanter Weise in der Agenda 2030 und auch der vom ÖRK-Zentralausschuss in Kreta verabschiedeten Missionserklärung von 2012 explizit aufgegriffen wird, eröffnet neue Perspektiven auf Unrecht, Gewalt und Armut.[25] Auf der Grundlage der biblischen Jesustraditionen und mit Blick auf sein Leben genügt es aber aus christlicher Perspektive nicht, die Fragen der Gerechtigkeit, des Friedens- und der Schöpfungsverantwortung rein politisch, juristisch oder sozialwissenschaftlich zu betrachten. Jesus lebte und handelte auf inklusive Weise, indem er Menschen am Rande begegnete, zu ihnen in Beziehung trat und so Ausgrenzung überwand.

9. Fazit

Es wurde gezeigt, inwieweit die in der Satzung der VEM 1993 formulierte Verpflichtung zum Eintreten für Gerechtigkeit, Frieden und Bewahrung der Schöpfung im Kontext der Ökumenischen Diskussion zu verstehen ist und in welcher Weise sich diese Diskussion weiterentwickelt hat.

Dabei wurde deutlich, dass die damalige Verpflichtung im Kontext der internationalisierten VEM-Gemeinschaft von Anfang an in der Praxis präzisiert wurde – durch eine theologisch begründete und die Realität unter den Mitgliedern veranlasste Orientierung an den universalen Menschenrechten und der un-

---

[25] S. Together towards life: Mission and Evangelism in Changing Landscapes (https://www.oikoumene. org/en/resources/documents/commissions/mission-and-evangelism/together-towards-life-mission- and-evangelism-in-changing-landscapes), dort s. 18 – »The good news of God's reign is about the promise of the actualization of a just and inclusive world. Inclusivity fosters just relationships in the community of humanity and creation, with mutual acknowledgement of persons and creation and mutual respect and sustenance of each one's sacred worth. It also facilitates each one's full participation in the life of the community.« Der im Kontext der Missionserklärung eingeführte Begriff der Mission von den Rändern »Mission from the Margins« erscheint m.E. diskussionsbedürftig. Dies würde den Kontext dieses Beitrages sprengen. Die Internationalisierung der VEM 1993 /1996 bildet die veränderten Landschaften in der Mission ab, insofern die damaligen Partner »am Rande« zu vollen Mitgliedern der Gemeinschaft wurden.

veräußerlichen Würde aller Menschen. Diese Präzisierung fand Eingang in das Leitbild der VEM von 2008.

Der Kontext des Eintretens für Gerechtigkeit, Frieden und Bewahrung der Schöpfung ist einerseits die zerrissene Welt, die heute nicht mehr in erster Linie wie damals als Nord-Süd-Zerrissenheit verstanden wird, sondern deren Zerrissenheit sich in allen Regionen zeigt.

Der Kontext des Eintretens ist andererseits das kommende Reich Gottes, in dem Gott uns und alle Menschen in eine inklusive Gemeinschaft und Beziehung mit sich und untereinander stellt.

Als Teil dieser Gemeinschaft am Leibe Christi stellen sich die Mitglieder den bis heute weiter bestehenden sowie neuen missionarischen Herausforderungen im Eintreten für Gerechtigkeit, Frieden und Bewahrung der Schöpfung.

Sie tun dies nicht in der Haltung des Besserwissens oder der Forderung an Andere, ohne selbst Verantwortung zu übernehmen, sondern indem sie Gaben, Einsichten und Verantwortung miteinander teilen, was in gewisser Weise an das Bild des Pilgerweges für Gerechtigkeit und Frieden erinnert.

Die in der Satzung der VEM 1993 / 1996 beschlossene Verpflichtung zum Eintreten für Gerechtigkeit, Frieden und Bewahrung der Schöpfung, im Zusammenhang des gesamten § 2 der Satzung und ihre an den Menschenrechten im Leitbild der VEM erfolgte Präzisierung, sind bis heute wegweisend und aktuell.

Auf dem Hintergrund der Internationalisierung der VEM haben diese Verpflichtungen mit dazu beigetragen, Solidarität in der VEM Gemeinschaft untereinander zu stärken, denen beizustehen, deren Würde und Rechte verletzt werden, und sie in inklusive Gemeinschaften einzuladen, in denen Gottes Gegenwart und sein Reich Wirklichkeit werden.

LVR-Fachbereich Regionale Kulturarbeit/Museumsberatung, Köln & LWL-Museumsamt für Westfalen, Münster (Hrsg.): **Missionsgeschichtliche Sammlungen heute**. Beiträge einer Tagung, Franz Schmitt Verlag, Siegburg 2017, 154 S., EUR 19.90

In den vergangenen zwei oder drei Jahrzehnten fand im Rahmen ethnographischer oder missionsgeschichtlicher Forschungen ab und zu mit Missionsmuseen oder – wenn nicht öffentlich präsentiert – völkerkundlichen Sammlungen mal mehr mal weniger ausführliche Beschäftigung statt. Zuvor konnte der an Missionsgeschichte visuell Interessierte sich hierüber nur in Ausstellungskatalogen oder, wenn einzelne Exponate zur Illustration für Publikationen herangezogen wurden, von dort informieren. In der Tat ist es kaum bekannt, dass es solche mehr oder minder umfangreiche ethnographische Sammlungen im Besitz von einigen deutschen Missionsgesellschaften gibt. In Überblickswerken der traditionellen Missionsgeschichtsschreibung blieb deren Existenz eher unerwähnt.

Die gegenwärtigen Diskussionen um die Provenienz von oft als Raubgut bezeichneten musealen Exponaten haben nunmehr auch die Erwerbungen von Völkerkundemuseen, welche sperrigen Bezeichnungen sie sich auch in den letzten Jahren zugelegt haben, um sich von »Völkerkunde« zu distanzieren, erreicht. Deren meisten Exponate stammen, was keinen überraschen sollte, aus Übersee. Also war es nur eine Frage der Zeit, bis auch die missionsgeschichtlichen Museen und Sammlungen oder einzelne ethnographische Ausstellungsobjekte der Missionsgesellschaften in den Fokus der Provenienzforschung gelangten.

In zahlreichen katholischen und evangelischen Missionsgesellschaften und Orden lagern, damit wird der vorzustellende Sammelband beworben, »ungeahnte ethnologische Schätze«. In der Tat haben ja die europäischen Missionare, wenn sie zu außereuropäischen Völkern aufbrachen, nicht nur über das für sie Fremde schriftlich berichtet, sondern sie haben auch versucht, ihre Eindrücke und das Gesehene visuell erlebbar zu gestalten. Wer dies konnte, versuchte es vor der Erfindung der Fotografie mit Zeichnungen. Die meisten jedoch erläuterten und beschrieben das Gesehene mit Worten. Einige sandten jedoch auch künstlerische Objekte, auch solche für den Alltagsgebrauch, in die Heimat nach Europa, um für ein besseres Verstehen ihres Missionsauftrages zu werben. Zumeist waren sie für die sogenannten Missionsfeste gedacht. Hier konnten die Objekte Bewunderung und Staunen hervorrufen. So wurden die zum Teil wertvollen ethnographischen Gegenstände genutzt, um die Arbeit der Missionare in Übersee plastischer zu gestalten. Das war oft geradezu notwendig, finanzierte sich doch die missionarische Arbeit zum überwiegenden Teil aus den Spenden der heimatlichen Gemeindemitglieder.

Solche Objekte wurden zuweilen auch als »Büroschmuck« in den Missionshäusern verwendet oder in Sammlungen verwahrt und nur bei Bedarf hervorgeholt. Einige Missionsgesellschaften legten jedoch auch kleine Museen mit Dauerausstellungen an.

Solche Missionsmuseen von katholischen Missionaren entstanden bereits im 18. Jahrhundert. Die meisten Gegenstände aus Übersee von den Missionsfeldern wurden jedoch ab Mitte des 19. Jahrhunderts gesammelt und gelangten dann auf unterschiedlichen Wegen und Weisen in die europäischen Missionshäuser. Aus musealer Sicht handelte es sich hier zunächst zum größten Teil um Objekte aus sogenannter vorkolonialer Zeit. Diese sind von wertvoller musealer Bedeutung. Jedoch gelangten auch Kunstwerke oder künstlerisch gestaltete Gebrauchsgegenstände in die Missionshäuser, die bereits den christlichen Einfluss verdeutlichen. Auch diese sind von unschätzbarer Bedeutung als historische Quellen, sowohl für die Kunstgeschichte als auch für die außereuropäische Christentumsgeschichte.

Zu Recht machen die Herausgeber des Sammelbandes darauf aufmerksam, dass die missionseigenen Sammlungen der Öffentlichkeit kaum bekannt sind. Ein Grund dafür mag sein, dass die Orden und Missionsgesellschaften ihre ethnographischen Schätze bis heute nur auf Nachfrage zeigen. Richtig ist ebenso die Feststellung,

dass solche Sammlungen personell und finanziell nicht ihrer Bedeutung nach angemessen ausgestattet sind.

Die vorliegende Publikation fasst die Referate und Präsentationen des Symposiums »Missionsgeschichtliche Sammlungen heute. Herausforderungen, Chancen, Visionen«, das gemeinsam vom Landschaftsverband Rheinland (LVR), LVR-Fachbereich Regionale Kulturarbeit/Museumsberatung in Köln sowie dem Landschaftsverband Westfalen-Lippe (LWL), LWL-Museumsamt für Westfalen in Münster im März 2017 im Haus der Völker und Kulturen in Sankt Augustin bei Bonn veranstaltet wurde, zusammen. Hauptanliegen der Tagung waren zum einen die Bestandsaufnahme der aktuellen Situation der Sammlungen katholischer Orden und protestantischer Missionswerke, zum anderen die notwendig gewordene Vernetzung der Akteure sowohl untereinander wie auch mit den großen ethnologischen Institutionen in Deutschland. Für diesen Band wurden neben den überarbeiteten Referaten auch einige weitere Beiträge aufgenommen.

Immer wieder wird in den Artikeln hervorgehoben, dass missionsgeschichtliche Museen bisher in den Fachdebatten eher ein Nischenthema darstellen. Die Beiträger plädieren deshalb dafür, die Auseinandersetzung mit den missionsgeschichtlichen Sammlungen zu wagen und dabei neue Wege zu beschreiten. Die Teilnehmenden des Symposiums waren sich einig, dass großer und akuter Handlungsbedarf bestehe und nur durch mehr Kooperation die wertvollen Sammlungen vor Zerschlagung und Bedeutungsverlust gerettet werden können.

Insgesamt zehn Beiträge haben neben einem kurzen Grußwort und einer Einführung Eingang in diesen Band gefunden. Alle haben eine interessante Fragestellung zum Inhalt. So gibt zunächst Felicity Jensz einen historischen Überblick über die Sammlungstätigkeit protestantischer Missionare. Sodann werden u. a. die Entstehungs- und Wirkungsgeschichte des Hauses der Völker und Kulturen der Steyler Mission durch Jerzy Skrabania SVD und die Archiv- und Museumsstiftung der VEM von Christoph Schwab vorgestellt. Mehrere Beiträger diskutieren explizit Fragen der Besonderheiten missionsgeschichtlicher und ethnologischer Sammlungen, was mit Sicherheit Auswirkungen auf die aktuellen Diskussionen um die Provenienzforschung haben wird. Denn nur die wenigsten Exponate dürften mit »gewaltsamen« Methoden den Weg in die europäischen Missionshäuser gefunden haben. Im Eifer der »Auseinandersetzung« mit der Herkunft der Museumsobjekte sollte das Bemühen erkennbar werden, dass es bei musealen Erwerbungen von Objekten für Missionsgesellschaften oder von einzelnen Missionaren große Unterschiede zu professionellen Sammlungsmethoden der Völkerkundemuseen in der Zeit der direkten Kolonialgeschichte gibt.

Alle hier präsentierten Beiträge sprechen ein bislang wenig diskutiertes Thema an, welches umso interessanter ist, je mehr man sich damit beschäftigt. Dieser Sammelband wird sicherlich erst der Anfang einer längeren Beschäftigung mit den missionsgeschichtlichen musealen Sammlungen sein.

Ulrich van der Heyden

Udo S. Küsel, **Africa Calling. A Cultural-History of the Hermannsburg Mission and its Descendants in South Africa**, Magalieskruien: African Heritage Consultants 2017, 448 S., Südafrikanische Rand 760,00.

Über missionsgeschichtliche Literatur, die sich mit den kognitiven Interaktionen, insbesondere mit dem Transfer von Wissen beschäftigt, gibt es in den letzten Jahren erfreulich viele publizierte Forschungsergebnisse. Weniger in den Fokus der Wissenschaft sind die Fragen gerückt oder hinter den anderen zurückgetreten, die sich mit der »normalen« Geschichte der christlichen Mission in Übersee befassen, wie die Geschichte einzelner Missionsgesellschaften auf ihren Arbeitsfeldern. Das ist bei aller Begrüßung des »erweiterten Blicks« auf die Missionsgeschichte bedauerlich, gehen doch ebenso die Erkenntnisse zu historischen Ereignissen und Prozessen weiter und nur wenn die historischen Fakten zur Geschichte der christlichen Mission in den verschiedensten Gebieten in Übersee bekannt sind, lassen sich weitergehende Forschungsfragen mit wissenschaftlicher Akribie beantworten.

Auch wenn seit einigen Jahrzehnten die von einigen Wissenschaftlern als revisionistische Missionsgeschichtsschreibung bezeichneten Publikationen den missionshistoriographischen Forschungsstand bestimmen, was uneingeschränkt zu begrüßen ist, sollten solche Forschungen, die sich etwa mit kulturgeschichtlichen Themen befassen, nicht gänzlich als unbedeutend betrachtet werden. Denn immerhin ist jedwede postkoloniale »revisionistische« oder eben nur moderne Forschung zur Missionsgeschichte auf verlässliche Ergebnisse von Untersuchungen oder Darstellungen angewiesen, die erst einmal die grundsätzlichen Fragen zu Raum, Zeit und individuellen Persönlichkeiten mit ihren Motiven klären.

Um so ein Buch handelt es sich, welches der langjährige Direktor des National Cultural History Museum in Pretoria und Museumsspezialist Udo Küsel in einem kleinen südafrikanischen Verlag veröffentlicht hat. Mit seinen von großer Sachkompetenz zeugenden Darstellungen ruft er die aus alten Schriften zwar grob bekannten Fakten zur Geschichte der Hermannsburger Mission in Südafrika wieder hervor, verbindet diese jedoch mit aktuellen Themen und Fragen. Da der Verfasser auch studierter Archäologe ist, fließen nicht zuletzt Ergebnisse des eigentlich noch recht jungen Wissenschaftszweigs der Missionsarchäologie in seine Ausführungen und in die Auswahl der hier präsentierten Texte ein. Das äußerst ansprechend gestaltete Buch ist jedoch nicht nur für Wissenschaftler geschrieben, sondern sicherlich auch für solche Leser, die an der Missionsgeschichte Südafrikas interessiert sind. Denn der Band ist mit einer Vielzahl von historischen und aktuellen Bildern

ausgestattet, die in bester Qualität reproduziert worden sind.

Die Besonderheit des vorzustellenden Buches besteht vor allem darin, dass es sich hierbei nicht um eine durchgehende Abhandlung der Geschichte bzw. Kulturgeschichte der Hermannsburger Missionsgesellschaft in Südafrika handelt, sondern es besteht aus einer Reihe von Essays von ehemaligen Missionaren und anderen Missionsangestellten sowie deren Nachfahren. Dabei handelt es sich sowohl um die Wiedergabe älterer Texte, die oft nur in Familienchroniken vervielfältigt worden sind, als auch nun extra für dieses großformatige Buch angefertigte, oftmals nur ein eng begrenztes Thema der Geschichte der Hermannsburger Mission behandelnde Texte, wie biographische Skizzen oder einen Artikel zur Kundaze, dem legendären Schiff, auf dem die Missionare aus Norddeutschland in den Süden Afrikas segelten.

Es sind an die 70 Essays neu entstanden oder in Überarbeitung abgedruckt worden, die in sechs Komplexen zusammengefasst sind. Es beginnt mit einem generellen Kapitel, welches sich mit einigen Fragen des Beginns der Missionstätigkeit in Südafrika befasst. Die folgenden zwei Komplexe behandeln die Mission im Zululand sowie die Missionsarbeit im Upper Pongola River Valley. Im sechsten Kapitel steht die Arbeit der Hermannsburger Mission im westlichen Transvaal bei den Tswana sowie im Bechuanaland im Mittelpunkt. Das Kapitel 5 widmet sich einigen generellen Fragen, die gerade für die aktuellen Themen der missionsgeschichtlichen Forschungsarbeit teilweise recht bedeutsam sind, so zum Verhältnis von Mission und Schule oder zur Bedeutung des Missionars als Arzt. Andere Themen wie das über »deutsches Essen« erscheinen nicht so interessant, wenngleich auch diese in ihrer Gesamtheit dazu beitragen können, eine Alltagsgeschichte des missionarischen europäischen Lebens in einer Zeit, die oftmals als vorkolonial bezeichnet wird, transparent zu machen.

Zweifelsohne sind etwas »globalere« Fragestellungen aufschlussreicher für die aktuelle Missionsgeschichtsforschung, so über das Verhalten bzw. die Hineinziehung von Hermannsburger Missionaren in kriegerische Konflikte im Süden Afrikas wie in den Anglo-Zulu-Krieg oder den Britisch-Burischen Krieg von 1899 bis 1902 oder allgemein über den Umgang der Missionare mit afrikanischen Gemeindemitgliedern und/oder Hausangestellten.

Bei entsprechender Quellenkritik lassen sich aus dem hier vorgestellten Buch eine Reihe von nützlichen Informationen entnehmen, die für weitergehende Forschungen zu den verschiedensten Fragen der Missionsgeschichte sowie zur außereuropäischen Christentumsgeschichte in Südafrika nützlich sein können.

Ulrich van der Heyden

Terry C. Muck, Harold A. Netland, Gerald R. McDermott (Editors), **Handbook of Religion: A Christian Engagement with Traditions, Teachings and Practices,**. Grand Rapids: Baker Academic 2014, 812 S., 50 US Dollar.

Das vorliegende Handbuch eröffnet ein bemerkenswertes, aber nicht ungewöhnliches Panorama gegenwärtiger Religionen und Religiosität, allerdings verbunden mit einem eher ungewöhnlichen Ansatz: Religionswissenschaft in theologischer, insbesondere evangelikaler Perspektive. Herausgeber Terry Muck ist Religionswissenschaftler und evangelikaler Theologe und war in den 1990er Jahren Präsident der amerikanischen Society for Buddhist-Christian Studies. Mitherausgeber Netland ist Religionsphilosoph mit interkulturellen Schwerpunkten an der Trinity Evangelical Divinity School (Deerfield, Ill.), McDermott einer der bekannteren Vertreter evangelikaler Religionstheologie in den USA (*What Evangelicals can learn from World Religions* [2000]). Das Spektrum der insgesamt 59 Autoren, die mit wenigen Ausnahmen (Großbritannien, Kanada, Norwegen, Schweden) aus den USA kommen, reicht von bekannteren Vertretern ihrer Zunft wie dem New Yorker Politikwissenschaftler Michael Barkun, dem Theologen S. Mark Heim (Andover Newton/Yale) oder den Religionshistorikern Rita M. Gross, Richard Fox Young (Princeton), Larry Poston (New York) bis hin zu religiösen Insidern bestimmter Gruppierungen.

Die Herausgeber betonen, dass offensichtlich nicht alle Autoren sich als (evangelikale) Christen verstehen, wollen aber umgekehrt deutlich machen, dass auch überzeugte Christen »expert scholars of religion« (xii) sein können. Dieser in seiner expliziten Formulierung durchaus defensiv klingende Ansatz, ist nicht nur auf die fachliche Binnendiskussion zum Verhältnis von Religionswissenschaft und speziell evangelikaler Theologie in den USA gemünzt, sondern soll auch praktischen Zwecken dienen: Das Handbuch richtet sich gezielt an christliche Theologiestudierende und will deren (vermeintliche) Fragestellungen aufnehmen. Die Herausgeber wollen auf die Fiktion einer standortfreien Neutralität verzichten, zugleich aber eine weit offene Wahrnehmung fördern, um religiöse Phänomene »as far as possible without dogmatic presuppositions« zu verstehen (11). Darüber hinaus will das Handbuch die Religionen nicht nur in ihrer klassischen Form darstellen, sondern auch in ihrer komplexen Interaktion mit ethnischer, lokaler Religiosität (»indigenous religiosity«) und den verschiedenen Formen der Moderne (»new religious movements«).

Diese dreifache Perspektive dient dann auch als Struktur des Handbuchs, wird allerdings nicht konsequent durchgehalten. *Teil 1 (Introduction)* bietet zunächst einführende Essays zu Grundfragen von Religionswissenschaft, Religionstheologie und interreligiöser Begegnung. *Teil 2 (World Religions)* entfaltet die großen nichtchristlichen Traditionen Hinduismus, Buddhismus, Judentum und Islam in teilweise hochkarätigen Aufsätzen (z.B. von R. Fox Young zum Hinduismus

oder Rita M. Gross zu ihrer eigenen buddhistischen Geschichte) zu den Kategorien Geschichte und Glaube, Kontakte mit dem Christentum, theologische Interaktionen, Gegenwartsfragen sowie Innenperspektive (»Adherent Essay«). *Teil 3 (Indigenous Religions)* ist nach regionalen Gesichtspunkten geordnet: Die Aufsätze zu Indien, China, Südostasien, Europa, dem Mittleren Osten, Afrika, Nordamerika, Südamerika konzentrieren sich allerdings – entgegen der Überschrift – längst nicht nur auf die ethnischen Religionen (ausgenommen die Artikel zu Nordamerika von Christopher Vecsey und zu Afrika von Irving Hexham), sondern bieten umfassende Überblicke der religiösen Vielfalt der jeweiligen Region. Dies ist auf jeden Fall informativ und liefert wichtige Ergänzungen zu Teil 2, führt aber auch zu einer kleinteiligen und manchmal oberflächlichen Darstellung sowie zu Überschneidungen mit Teil 2. Unglücklich ist, dass die Aufsätze den gleichen Kategorien folgen wie in Teil 2, was angesichts der regionalen Struktur methodisch zu Problemen führt. Wie von den Herausgebern angekündigt, verzichten einige Aufsätze deutlicher als andere auf Standortfreiheit, was in einem religionswissenschaftlichen Werk dann befremdlich wirkt, wenn es appellhaften Charakter annimmt – beispielsweise wenn Eloise H. Meneses die oft prekäre Situation von Christen in Indien kommentiert: »the price payed for church membership is part of the sacrifice we all must make to follow Jesus« (212).

Einen Tiefpunkt des Handbuchs

stellen jedoch die Aufsätze zu Europa von Richard Shaw, Professor einer baptistischen Universität in Texas, dar, der eine quasi-europäische Religionsgeschichte von Paulus über die Kreuzzüge bis zur Gegenwart versucht und dabei sowohl das Wirken des Schweizer Reformators Calvin im katholischen Genf als auch das von John Wesley im anglikanischen England als »example[s] of Christian contact with *pre-Christian European Religion*« (!) darstellt (304–305). Die Kreuzzüge werden als »a forceful apologetic against a [Muslim] hegemonic power« (303) gelobt und die Religiosität des gegenwärtigen Europa wird als Dilemma aus »pre-Christian paganism« (330) und Re-Islamisierung (311) verzeichnet. Hoffnung für Europa sieht der Autor angesichts dieser Lage nur noch in der »Immigration of Christians from the Global South« (300). Überdies meint er zu wissen, dass Deutschlands größtes Problem die »reality of unassimilated Turks« (317) sei. Diese teils schlicht falschen, teils höchst fragwürdigen Ausführungen zu Europa stellen jedoch aufs Ganze des Handbuchs gesehen eine Ausnahme dar.

Im vierten Teil werden schließlich die *New Religious Movements* in sieben Kategorien verhandelt (Christian Derivatives, World Religion Derivatives, Nature Religions, A-Religions, Psychological Religions, Social Religions). Die Vielfalt der beschriebenen Phänomene nimmt gegenüber Teil 3 noch einmal zu, die Konzeption ist aber klarer. Es geht auch darum, Gruppen, die traditionell als Sekten und Sondergruppen in oft polemischer Perspektive beschrieben wurden, in religionswissenschaftlicher Sicht objektiver wahrzunehmen. Da es allein in den USA über 1500 neureligiöse Gruppierungen gibt, ist die Auswahl von zwanzig einflussreichen Gruppen zwangsläufig selektiv, deckt aber ein für die USA sicherlich relevantes Spektrum ab. Problematisch scheint die Behandlung eines so breiten Phänomens wie die amerikanische Civil Religion als neureligiöse Gruppe, wobei diese einen wichtigen Schlüssel darstellt zum Verständnis behandelter Gruppen wie Nation of Islam, Christian Identity, Church of Jesus Christ of Latter-Day Saints (Mormonen) oder auch der japanisch-buddhistischen Soka Gakkai in den USA. Ebenso thematisiert werden Zeugen Jehovas, Scientology, The Family International (ehemals Children of God), Sun Myung Moons Unification Church oder die Baha'i-Religion. Die Entschlossenheit der evangelikalen Herausgeber, sich den Phänomenen religionswissenschaftlich »as far as possible« (s.o.) zu nähern, zeigt sich dann noch einmal besonders deutlich in den überraschend wenig kritischen Aufsätzen zum Satanismus, inklusive »Adherent essay«, und dem Urteil Kennet Granholms (Universität Stockholm), der Satanismus könne, wenn man einmal die »worst excesses« beiseite lasse, dem Christentum als »impetus to self-reflection and theological development« dienen (586).

Das Handbuch bleibt sich in seiner eigenwilligen Konzeption zwischen evangelikalem Standortbewusstsein und möglichst offener Wahrnehmung und Lernbereitschaft also treu – auch wenn die Schwerpunktsetzungen in der Vielfalt der Beiträge naturgemäß recht unterschiedlich ausfallen. Allerdings zeigen sich zwischendurch methodische Schwächen und – was gravierender ist – inhaltliche Verirrungen, letztere glücklicherweise als Ausnahme. Insgesamt bietet das umfangreiche Handbuch allen, die sich mit Perspektiven und Gegenständen nordamerikanischer Religiosität und Religionswissenschaft befassen wollen, vielfältige, interessante und meist lesenswerte Ansichten. Ein ausführlicher Index findet sich am Ende, während Literaturangaben, Schaubilder, Studienfragen und Landkarten jedem Aufsatz direkt beigefügt sind.

Friedemann Walldorf

Anna D. Quaas, **Transnationale Pfingstkirchen. Christ Apostolic Church und Redeemed Christian Church of God,** Frankfurt a. M.: Verlag Otto Lembeck, 2011, 444 Seiten, 36,00 Euro

Hiermit veröffentlicht die Autorin ihre gekürzte, sprachlich leicht überarbeitete Dissertation, die 2010 an der Theologischen Fakultät der Ruprecht-Karls-Universität in Heidelberg eingereicht wurde.

Zwei Kirchen werden analysiert, die für die Pfingstbewegung Nigerias, des mit Abstand bevölkerungsreichsten Landes in Afrika, charakteristisch sind: die *Christ Apostolic Church* (CAC) und die *Redeemed Christian Church of God* (RCCG). Dieses Verfahren, zwei Kirchen nebeneinander darzustellen, hat den Vorteil, dass sich durch den Vergleich die Unterschiede und Ähnlichkeiten der jeweiligen Kirche im Gegenüber zu ihrem Pendant schärfer herausarbeiten lassen. Es geht Quaas zudem darum, bei historischer Betrachtung die globale, genauer transnationale Identität dieser Pfingstkirchen, exemplarisch für einen ganzen Zweig der Pfingstbewegung, hervortreten zu lassen. Dies gelingt wiederum nur in Anbetracht des jeweiligen regionalen Migrationskontextes, in dem sie sich vor Ort entwickeln.

Bei der Frage nach dem »Selbstverständnis« der Kirchen zeichnete Quaas während ihrer Tätigkeit im Forschungsfeld als teilnehmende Beobachterin 76 semi-strukturierte Interviews zwischen 2007 und 2010 digital auf, die sie übrigens sämtlich transkribierte und indizierte. Um die Interviews und diversen historischen Dokumente und Einzelinformationen, zu denen sie als teilnehmende Beobachterin kam, auszuwerten, verfolgt sie einen »diskursanalytischen Forschungsansatz« (25f; 34–37). Mit diesem methodologischen Vorgehen seien Dynamik und Fluidität der untersuchten Kirchen adäquat zu erfassen.

Es verwundert nicht, dass sie auf die Frage nach der »Identität« von CAC und RCCG keine eindeutige Antwort im Sinne einer weiteren Zuschreibung gibt. Schaut man wie sie genau hin, wer wie und aus welchen Motiven die jeweilige Entwicklung der beiden Kirchen mitbestimmt und beeinflusst, was jeweils als ihre Identität zu gelten habe, hat man es mit einer Fülle von Aussagen und Informationen zu tun, die zu sondieren und einander zuzuordnen sind. Wir treffen auf ein polyphones, fluides »Selbstverständnis« im Plural und auf keine eindeutige Selbstaussage. Quaas erfasst Stück für Stück von dem Gewebe jeder der beiden Kirchen und beschreibt nur das, was – insofern selbstevident – als gesichert gelten kann. Sie weigert sich, CAC oder RCCG simpel typologisch innerhalb der Pfingstbewegung (oder der Afrikanischen Unabhängigen Kirchen) zu verorten und bestehende Festschreibungen zu bedienen. Allgemein sind beide Kirchen dabei auf jeden Fall dem Strom der Pfingstbewegung zuzurechnen. Mit dieser Zuordnung gibt sich die Autorin aber nicht zufrieden.

Worin besteht die methodologische Alternative, die Quaas verfolgt? Sie möchte Identitätskonstruktionen *erkennbar machen*, die CAC und RCCG einerseits von sich selbst erzeugen und die anderseits von anderen erzeugt werden. Sie tut dies anhand der Historiographien der beiden Kirchen und mittels der Äußerungen, die sie in Interviews sammelt und entsprechend ihrer Fragestellung auswertet: »Was lässt sich zur Genese dieser beiden Pfingstkirchen, zugleich in ihrem Ursprungs- wie in ihrem Migrationskontext, sagen?«

In den vier Hauptkapiteln geht sie zunächst (1.) auf die transnationalen Verflechtungen von CAC und RCCG ein, um dann (2.) nach »Wachstum und Spaltungen« zu fragen. Beides macht, unübersehbar, das Wesen der derartigen Kirchen aus. Die Autorin geht dabei ekklesialen Weiterentwicklungen nach, die sich, je nachdem, »innerhalb«

und »außerhalb« der »Ursprungskirchen« nachvollziehen lassen. Im Endeffekt lassen sich aber weder eindeutige Bereiche eines »Innen« oder eines »Außen« noch lässt sich *ein* eindeutiger »Ursprung« feststellen. Vielmehr sind historische Austauschprozesse zu beobachten, die sich zwischen *Kontaktzonen* abspielen. Es geht Quaas in ihrer Analyse gerade nicht darum, fixierbare Ergebnisse zu präsentieren. Sie möchte die fluiden historisch nachvollziehbaren Stränge aufzeigen, welche gerade in ihrer Verflochtenheit die Struktur derartiger Kirchen auszeichnen. Schließlich (3.) geht sie auf die Transnationalität von CAC und RCCG im deutschen Kontext ein, um (4.) die jeweiligen Propria der beiden Beziehungsgeflechte herauszustellen. Sie kommt zu dem Ergebnis, dass die transnationale Entstehung dieser Kirchen, genauer gesagt ihrer Gemeinden, bei aller Unterschiedlichkeit, die sie untereinander haben, vielfach den Ausgangspunkt des ekklesiogenen Denkens und Handelns bildet. In ihrer Oralität und ihrer Medialiät liegen zwei weitere Identitätsmerkmale derartiger Kirchen, auf die nicht deutlich genug hingewiesen werden kann. Beides gehört zu den Ausgangsbedingungen für die Produktion von Fortsetzungsfolgen der globalen Verflechtungsgeschichte der Pfingstbewegung, an der CAC und RCCG mit ihren jeweiligen Selbsterzählungen teilhaben und Anteil geben. Diese Art und Weise der permanenten Selbstinszenierung gehört zu den Charakteristika der transnationalen Pfingstbewegung (S. 27).

In ihren »Schlussüberlegungen«,

dem fünften und letzten Kapitel (S.
370ff), stellt die Autorin vier Punkte
heraus: (1) Fluide Strukturen, (2) Migration und Integration, (3) Globale
Pfingstbewegung und (4) Reverse Mission. Damit sichert sie den Ertrag ihrer
Forschung. Quaas gelingt es, mit ihrer
Konzentration auf die strukturellen
ekklesiologischen Fragen die aktuelle
Debatte zur Pfingstbewegung am Bei-
spiel von CAC und RCCG um einen
entscheidenden Schritt weiterzubrin-
gen. Allerdings finden entscheidende
Faktoren, welche auch zur Konstrukti-
on des Raumes beitragen, in dem die
Selbsterzählungen von Kirchen wie
RCCD und CAC erklingen, weniger
Berücksichtigung: Dazu zähle ich die
Selbstinszenierung der Kirchen durch
ihre *Funktionsträger* auf öffentlichen
Massenveranstaltungen, mittels
Healing-Ministries und Gottesdiens-
ten, bei denen das *kulturelle rituelle
Repertoire* Afrikas auflebt, mit dem
die von Quaas präzise benannten Pro-
zesse pfingstkirchlicher Selbstgestal-
tung vorangetrieben werden.

Ein ausführliches Literaturver-
zeichnis sowie ein Personen- und
Sachregister vervollständigen den po-
sitiven Eindruck einer insgesamt ge-
diegenen Studie, die nicht nur hinsichtlich des reichen Materials, das verarbeitet wird, sondern auch methodolo-
gisch einhält, was sie verspricht.
Moritz Fischer

Uwe Heimowski, Die Heilsarmee. Practical Religion – gelebter Glaube, Neufeld Verlag, 2006, 220 Seiten

Ralph Hennings, Die Kwami-Affäre im September 1932, Isensee Verlag 55 Seiten

Stefan Leder (Hg.), Schrift – Offenbarung – Dogma – im christlich-muslimischen Dialog, Verlag Friedrich Pustet 2016, 262 Seiten

Due-Vinh Nguyen SVD, »Führe dein Leben, dass du den Kindern Tugenden hinterlässt!« Seelsorge unter Vietnamesen in Ostdeutschland und Osteuropa aus pastoralpsychologischer Perspektive, Steyler Verlag 2009, 374 Seiten

Darius J. Piwowarczyk, Coming out of the »Iron Cage«: The Indigenists of the Society of the Divine Word in Paraguay, 1910-2000, Academic Press Fribourg, 2008, 368 Seiten

Otto Schüpbach, Unter dem südlichen Kreuz – Begegnungen in West-Papua, Books on Demand 2008, 240 Seiten

Otto Schüpbach, Wo Paradiesvögel balzen. Im Urwald von West-Papua, Books on Demand, 2009, 192 Seiten

Dia al-Shakarchi, Religion kontra GOTT. Areligionismus: Der dritte Weg neben Religionismus und Atheismus, Paramon Verlag, 2016, 397 Seiten

Oliver Steffen, Religion in Games. Eine Methode für die religionswissenschaftliche Digitalforschung, Reimer 2017, 334 Seiten

Andrea Zielinski/Erhard Kamphausen, Purity and Anger – Reinheit und Wut. Ethnisierung von Religionen in fundamentalistischen Gemeinschaften – Ethnicizing Religions in fundamentalist communities, LIT 2013, 244 Seiten

(Diese Bücher können zur Rezension oder zum eigenen Bedarf vom Chefredakteur Ulrich Dehn angefordert werden. Ausdrücklich weisen wir darauf hin, dass diese Liste nicht zur Werbung gedacht ist. Im Regelfall sollen Bücher nicht unaufgefordert zugesandt werden. Bitte stellen Sie uns ggfs. die Angaben über neu erschienene Bücher zur Verfügung, damit wir über eine Besprechung entscheiden und dann ein Rezensionsexemplar vom Verlag anfordern.)

▪ Redaktion

Prof. Dr. Ulrich Dehn (Chefredakteur)
FB Evangelische Theologie der Universität Hamburg, Gorch-Fock-Wall 7, #6, D-20354 Hamburg,
ulrich.dehn@uni-hamburg.de

Prof. Dr. Andreas Heuser (Forum Junge Forschung) Theologische Fakultät der Universität Basel,
Nadelberg 10, CH-4051 Basel, andreas.heuser@unibas.ch

Prof. Dr. Claudia Jahnel, (Rezensionen) Ev.-theol. Fakultät der Ruhr-Universität Bochum,
Universitätsstr. 150, D-44780 Bochum, claudia.jahnel@rub.de

Dr. Katrin Kusmierz (Berichte und Dokumentationen) Theologische Fakultät der Universität Bern,
Länggassstr. 51, CH-3012 Bern, katrin.kusmierz@theol.unibe.ch

Prof. Dr. Heike Walz (Rezensionen) Augustana-Hochschule, Waldstr. 11,
D-91564 Neuendettelsau, heike.walz@augustana.de

▪ Verfasser_innen und Renzensent_innen

Prof. Dr. Dr. Heinrich Balz, Stadtseestraße 31, D-74189 Weinsberg, hbalz.weinsberg@web.de

Dr. Bernhard Dinkelaker, Holzwiesenstr. 7, D-70794 Filderstadt, bernhard.dinkelaker@gmail.com

Prof. Dr. Dr. Dr. Ulrich van der Heyden, Trelleborger Straße 24, D-13189 Berlin,
heydenul@hu-berlin.de

PD Dr. Moritz Fischer, Mittlere Holzbergstr. 10, D-91560 Heilsbronn,
moritz.fischer@augustana.de

Dr. Jochen Motte, Vereinte Evangelische Mission, Rudolfstrasse 137, D-42285 Wuppertal,
motte-j@vemission.org

PD Dr. Martin Repp, Alt-Niederursel 5 d, D-60439 Frankfurt/Main, mgrepp@t-online.de

Dr. Ulrich Schöntube, Zeltinger Platz 18, D-13465 Berlin, u.schoentube@ekg-frohnau.de

Prof. Dr. Friedemann Walldorf, Freie Theologische Hochschule Gießen, Rathenaustr. 5-7,
D-35394 Gießen, walldorf@fthgiessen.de

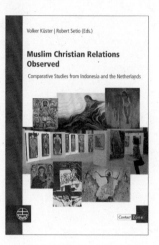